未来から選ばれる働き方

「会社がなくなる時代」のキャリア革命

Masanori Kanda
神田　昌典
Yoichi Wakayama
若山　陽一

PHP
Business Shinsho
PHPビジネス新書

まえがき

●あなたにとって、「なくなって最も困るもの」は、何でしょうか？

携帯？　財布？　仕事？　健康？　それとも家族？

もちろん人によって答えは異なるでしょうけれど……。

本当に困るのは、そのいずれでもないと、私は考えます。

なぜなら携帯、財布を失っても、数日もすれば、必ずもとの日常に戻ります。仕事を失っても、探し続ければ、必ず自分ができる新しい仕事に出合えますし、健康を失っても、生き続けることを選択すれば、必ず新しい生き方が見えてきます。死によって、大切な人を失うのは耐え難い苦しみですが、それは人として生きることの必然で、いつかは乗り越えていかねばならない経験です。

なくなって一番困るものは、なくなったこと自体に気づけないものです。
気づけないからこそ、自分が存在する意味すらも失われてしまうものです。
そして、その大切なものを……、この二十年間、私たちは失いかけていたのです。

「失われた二十年」という言葉があります。
一般的には、景気低迷が続いた二十年という意味になりますが、その間に、失ったのは経済成長だけではないことを私は、本書共著者の若山陽一氏から、衝撃とともに教わりました。二十年の間に私たちは、人が生きていくためになくてはならないもの……「希望のストーリーを描く力」を失っていたのです。

ストーリーは生きる力の源泉であり、それを失うことは、考える力も、感じる力も、愛する力すらも、なくなってしまうことを意味します。

だから働く人々が、自然にストーリーを描ける環境を提供できなければ、会社が役割を終えてしまうのは当然のこと。また私たちが、その根本原因に気づき、手を打たなければ、国が衰退していくこともまた、当然になってしまいます。

●『サザエさん』を一社では支えきれなくなったとき、製造業の現場が変わった

日本の豊かさの源であった製造業では、この二十年間で、大きな変化が起こりました。現場で働く社員が、二十年前は八割正社員だったのが、今は八割派遣社員になったのです。一九九五年に人材派遣会社を創業した若山氏は、そのプロセスをつぶさに目撃してきました。日本の製造業は、会社とともに発展するストーリーを描ける正社員ではなく、生活のために一時的に労働力を提供する派遣社員に支えられるように変わったのです。

しかし、ストーリーから切り離された労働は、長続きはしません。遅かれ早かれ、根本的に変革しなければならなくなるでしょう。なぜなら、会社とともに未来へ向かうイメージを持てない派遣社員ばかりでは、日本企業の強みである現場力が、確実に失われてしまうと、私は考えるからです。

正社員として入社すれば、たとえ会社に不満はあっても、ある程度、自らのキャリアを発展させていくストーリーを描くことができました。まわりの人たちと自分とを比べなが

ら、どのくらいの年齢で、どういう部署で、どういう仕事で、自分が役立てるのかと、会社とともに幸福になっていくプロセスを自然にイメージできたのです。

ところが、一時的に生産調整のために駆りだされる派遣社員の場合には、受け入れ会社とともに未来を創っていくイメージなど描きようがありません。派遣社員のキャリアは、会社が責任を持ってデザインしてくれるわけではありませんから、自分はどう生きていったらいいのか、どのように専門性を高めていったらいいのかは、自主的に考えなければならないのです。

しかし、それは、よほど親身に考えてくれる助言者がいなければ、容易なことではありません。このように未来を自然に描ける環境にない社員が、日本の競争力を司《つかさど》る製造業現場のマジョリティどころか、八～九割にも迫っているのです。利益と効率を重視するあまり、企業と社会との調和的成長がズレてきてしまったことは明らかでしょう。

正社員が、派遣社員に置き換えられ始めた時期は、テレビ番組『サザエさん』のスポンサーが、東芝一社から複数社へと変わった一九九八年に一致します。これは高度成長期の象徴である『サザエさん』的な日常が、東芝一社では支えきれずに、複数社に分散されていったプロセスに重なりますが、その間に、こぼれ落ちた貴重な人材は、日々の生活のために、時間を切り売りするようになったのです。

●新しい時代に飛躍する、新しい組織づくりへの挑戦

これは想像以上に、深刻な影響をもたらします。将来が見えないのですから、自分を社会に役立てたくても、どんな新しい能力を身につければいいのかわかりません。恋愛しても、家庭を持てるというイメージも湧いてきません。手助けを求めようにも、同僚は別世界の人間で、相談しようがありません。このように会社という、大きなストーリーから切り離された労働力は、二十年間、ボディブローのように日本経済にダメージを与えてきました。

しかし、この失われた二十年の間に、新しくストーリーを描く環境を準備し始めた会社がありました。一般的なキャリアを選ばなかった人材や、雇用調整のためにリストラされ

た人材を、派遣会社でありながら自ら「正社員」として雇用。多数の企業における多様な経験という「点」と「点」をつなぎあわせることで、新しい時代に力強く発展していくためのキャリアストーリーを自然に描けるようになる、新しい組織づくりに挑戦し始めたのです。

その一社が、本書の共著者である若山陽一社長が創業したUTグループ株式会社です。

UTグループが創り出したのは、派遣される「正社員」という新しい概念です。「正社員」でありながら、クライアント先に「派遣」されます。たとえば、まずはA社の半導体製造の現場に派遣され、次にB社の自動車電気部品製造の現場に派遣され、そうした経験の先にC社の環境機器のエンジニアになることに挑戦しながら、自分自身の専門性と価値を上げていくという正社員です。

こうしてクライアントの事業の現場を理解した社員は、今度はUT本社での管理業務に携《たずさ》わり、望めばUTの株主となり、さらにはUTの経営幹部となっていくというキャリアに、誰もが平等にチャレンジできます。

そこは、経験から培《つちか》われた実力だけがものをいう世界。高卒だろうが、中卒だろうが、区別はありません。一般的には、派遣地獄といわれる業界ではありますが、若山氏が二十年かけて準備してきたのは、一人ひとりの「正社員」が、さまざまな会社での「派遣」経験を通じて、自らの可能性に挑戦する、とても刺激的な場でした。

ここ数年、私は未来の行方《ゆくえ》を考えると、「ロボットやＡＩ（人工知能）の発達によって、ますます格差社会に突入していくことは避けられないだろう……」と暗澹《あんたん》たる気持ちになりながら、突破口を探していましたが、活気に溢れるＵＴの現場を見たとき、「この手があったか！」と、待ち望んでいた新しい組織を見つけた気がしました。

会社という枠のなかで安定的な日常が守られながら、幸せになっていくという個人のストーリーを描き切れなくなったときに、会社は役割を終えます。おそらく、それは二〇二四年頃になるというのが、私の予想ですが、そのときには『サザエさん』も番組がいよいよ休止になるのではないでしょうか。もはや、サザエさんの日常を支えるストーリーに共感はなく、郷愁しか感じなくなるからです。

それにかわるのは、個人が会社の枠を超え、組織との相乗効果により自己実現を果たしていくというストーリーを描く、新しい組織形態でしょう。その一つの形を、私はUTのなかに見出したのです。

●二〇二二年までの数年間は、大きな真っ白なキャンバスに、自由にキャリアが描ける希有なタイミング

ストーリーが会社から失われたということは、逆にいえば、個人がどんなストーリーでも描けることになったということです。そして、その未来に向かう希望のストーリーを描く個人が集《つど》う組織ができたときに、その組織は――個の集合体としての力を大きく超え――世界的な影響力を短期間で発揮できるようになります。

こう考えてみてください。今までは、会社が用意したキャンバスのなかの範囲内で、あなたの未来を描くことができました。これからは、あなた自らが用意したキャンバスを、組織の力を使って自在に広げ、そこに自由な未来を描ける時代に入るのです。ですから本書は、これから希望の未来を描こうとしている、すべてのチャレンジャーに、ぜひお読み

いただきたいと思います。

本書は、二十年にわたって人材派遣業を経営しながら、製造業をはじめとした企業の、働く現場に関わってきた若山社長との対論形式で進められます。伝えたいことを一気に凝縮して話しましたので、薄い本でありながら、私たちが経験から学んだ、未来論、起業論、そして経営論、人材開発論をはじめとした幅広い知見を、あなたと共有します。私が「未来」を担当し、若山氏は、その未来に備えるための「現在」の革新的な取り組みを担当します。

あなたの興味関心に応じて、どこから読んでいただいても結構ですが、読み方のガイドラインを示しておきましょう。

◎まずは、入社後、間もないビジネスパーソンへ

第1章では、私たちがすでに経験し始めている、来るべき未来について話します。今まで教わってきたことは、すべていったん忘れたほうがいいほどの、大変化が始まります。私の予想では、二〇二三年頃には、「会社」という概念自体も、大きく変わっているはずです。ですから、会社に依存する生き方をしている限り、ほんの数年後には、未来への道が閉ざされます。

会社がなくなり、働き方はどう変わるのか？　大変革のときに準備し飛躍していくためには、いったいどんな力と勇気を持たなければならないのか？　こうした問いへのあなた自身の答えを見出すために、第1章からお読みください。

◎起業家、起業家志望の方へ

第2章、第4章の若山社長の起業ストーリーは、強烈です。これを読むだけでも、起業の現場で必要になるマーケティング、財務、マネジメント、交渉力、そして何よりも、ビジョンの実現を貫き通す、強靭な忍耐力を感じとり、自分の身に充填し始めることができるでしょう。

価値あるビジョンは、価値ある体験の連続によってこそ、実現できます。その過程では、すべてを失うような体験もあるでしょうが、失うからといって、挑戦しない理由にはならないことを若山氏は教えてくれています。

◎会社経営者、および社会的リーダーの方へ

派遣社員となる若者の多くは、地元への深い愛を持ち、家族、そして自らの生活を大切にする価値観を持っています。旧来の世代のように、がむしゃらなキャリア志向ではありませんが、しかし、彼らは共感できるビジョンに触れると、驚くほど能力を上げ始めます。今まで自ら進んで教育を受ける場面が少なかったからこそ、逆に、スポンジのように知識を吸収し、仕事に貪欲に活かし始めます。

若山社長のもとでは、時給九〇〇円の派遣社員が上場企業の執行役員へと育ってきていますが、そのように誰もが自然に道を切り拓いていく仕組みが、あなたの組織でも準備できたら、これからどんな可能性が開けるでしょうか。そして、そのための一歩は、どこから踏み出せばいいでしょう？　その問いへのヒントを、第4章、そして第6章にお探しください。

◎そして、小さなお子さんをお持ちの方へ

これから、私たちの子どもが大きくなっていく未来には、今ある仕事の多くは消えていきます。今までの記憶を問われる受験制度も変わり、これからは自らの価値を見出し、

キャリアを切り拓いていく力が問われるようになります。私たちが経験した過去を、よかれと思って、彼らにあてはめて考えることは、かえって足枷《あしかせ》をはめることになりかねません。

未来に飛躍する彼らのために今、私たちが、どんな背中、姿を見せればいいのか。本書を読んだあと、ぜひ多くの方へ、あなたの経験を発信してください。あなたの声が、未来への不安を希望へと変えていく原動力になると信じます。

本書の目的は、「これからは、こう働きなさい！」と、あなたに答えを明示することではありません。未来が、今までの常識をはるかに超えながら進みつつあるなか、正解は誰にもわかるはずはないですし、また、未来が思いどおりにいかないことも、ビジョンの実現に何度も挫折し、挑戦し続けている私たち著者二人は、十分に自覚しています。

そうではなく、本書の目的は……、これから無限の可能性を持つ未来を前に、あなた自身の**最高の人生を描くための多彩なペンと、ひとまわり大きなキャンバスを提供すること**です。

歴史的にみて、これからの数年間は、どんなに大きなチャレンジを試みても、それをはるかに超える未来が待っているという、希有なるタイミングになるでしょう。私たちの頭のなかの想像よりも、現実のほうが早く進むのです。

それでは、あなたの働き方を一変してしまう、驚きの未来を語るところから、始めましょう。

二〇一六年四月

神田昌典

未来から選ばれる働き方［目次］

第2章◎目の前から、正社員が消えた十年——若山陽一

第3章◎会社をなくしてわかった可能性と限界——神田昌典

第4章◎才能が自然に磨かれていく「場」を創る――若山陽一

第5章◎コネクティング・インテリジェンスの時代——神田昌典

第6章◎〔対談〕これから十年、飛躍するための条件

編集協力＝杉山直隆

第1章

あなたの会社は進化するか、それとも絶滅か

——神田昌典

●二〇二四年までに、「会社」は一度、死ぬ

二〇一二年に出した著書『2022――これから10年、活躍できる人の条件』(PHP研究所)で、私は、さまざまな未来予想をしました。そのなかでも、反響の大きかったものの一つに、こんな予想がありました。

二〇二四年には「会社」がなくなる――。

あなたの勤めている「会社」はもちろんのこと、飛ぶ鳥を落とす勢いで成長するあの「会社」も、百年以上の歴史を持つあの「会社」も、なくなってしまう。分析の結果、こう考えたほうが、来るべき未来によりよく準備できると考えたのです。

この予想は、私自身をも、驚かせました。

なぜなら二〇一二年の時点で見えたのは、「会社がなくなる」という事実だけで、その後どうなるのかは、まだ明確にはわからなかったからです。「会社がなくなって、ビジネスはどうなるんだ?」「自分の仕事はどうなるんだ?」と読者だけでなく、私自身も疑問

に思っていました。

しかし、それから四年がたち、その間、世界に誇る技術力を持ったシャープが倒産寸前に追い込まれ、台湾の鴻海《ホンハイ》精密工業に助けを求めることになったり、あの東芝さえ七〇〇〇億円を超える巨額の赤字を抱えるなど、「なくなるはずがない」と思われた会社でさえも、一瞬にして存続が危ぶまれる状況に陥る事態が相次いでいます。

こうした状況から考えると、これは各社の経営問題というよりも、今までの「会社」という形態では、価値を生み出せなくなっている、と考えたほうが、説明がつきやすいのではないでしょうか。

コンサルタントとしてクライアントとともに、そして自らも経営者として、どういう仕事の仕方が、価値を生み出せるかという試行錯誤を続けてきましたが、その結果、ようやく「会社の未来は、こうなるんだ！」と霧が晴れて見え始めました。そこで、この章では、会社の未来がどうなるのか、考えてみたいと思います。

結論からいえば、多くの会社は、二〇二四年頃までに、いったん死にます。そして、未来に飛躍する価値ある組織へと、再び生まれ変わります。言い換えれば、芋虫が蝶になって飛び立つほどの、大きな変容のときを迎えるでしょう。

理由は、簡単です。インターネット情報革命の結果、会社の内で価値が生まれるのではなく、会社の外で価値が生まれるようになったからです。今やビジネスは、全世界の人材、資金、知識、技術に簡単にアクセスしながら、驚くほど短期間に事業価値を創り上げられる時代に突入しました。

その結果、社内のリソースだけに縛られている会社はあまりにも動きが遅くなりますし、会社に縛られている社員もまた価値を発揮できないという状況に追い込まれます。つまり、今まで硬い殻によって守られていた会社という組織体は、これから殻の内外へと自由につながっていく「柔らかな組織体」へと生まれ変わらなければなりません。

この機会に新しい経営、新しい働き方へと転換できなければ、会社はますます硬直化し、低成長・低収益が恒常化してしまいます。逆に、この進化を経た組織の収益力、成長スピードは圧倒的なものとなります。今までの常識、たとえば年商一〇億円、年商一〇〇億円といった単位ではなく、桁が変わるほどのポテンシャルを持ち始めます。今不祥事や急激な財務の悪化などで苦境に立たされ、絶望している会社は、大胆な変化を遂げるチャンスが与えられたとも捉えなおすことができるでしょう。

これから、その未来の会社のポテンシャルを、人材、そしてマーケティングの観点から眺めてみたいのですが、その前に、なぜ私が二〇二四年には、会社がなくなると言い始めたのか、その背景を共有しておきましょう。

●今までの会社は、すでに成熟期の後半

その根拠の一つは、商品などの寿命を予測するのに用いられる「成長カーブ」の理論でした。世の中に存在するすべてのものは、導入・成長・成熟という三つのステージを通ります。三つのステージの期間はほぼ同じ長さであり、成熟期が終わると、そのものは廃《すた》れるか、新たなものに生まれ変わります（成長カーブの図参照）。

この理論に会社をあてはめてみたときに、私は「会社」の終焉が近づいていることに気づきました。

一九八三年に、『日経ビジネス』誌が「会社の寿命は三十年」という調査結果を出しま

■成長カーブ

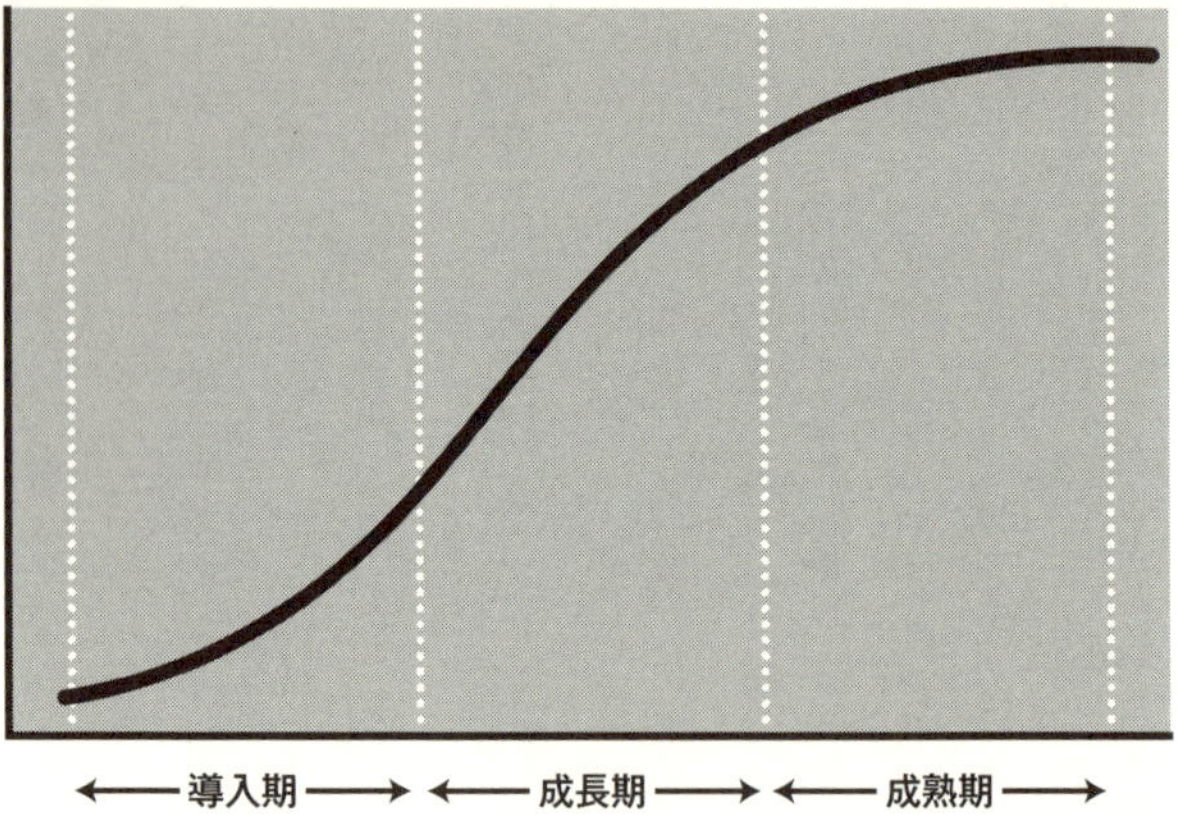

したが、寿命は年を追うごとに短くなり、一九九〇年代の終わりには、ついに「会社の寿命は十年」といわれ始めました。

会社の寿命がどんどん短くなり、最長期の三〇%になったということは、一つの概念が「成長期」から「成熟期」に向かっていることを意味します。数字でいうならば、一つの概念が八七%まで普及したことを意味するのですが、ここまで浸透するのにかかった時間をもとに、残りの期間（寿命）を算出すると、二〇二四年前後には、会社は成熟期の後半に入ります。つまり、その頃から、会社という概念は、いつなくなってもおかしくないのです。

とはいえ、そう聞いて「神田さん、そのとおりになるよ！」と納得する人はほとんどいないでしょう。

「二〇二四年まであと十年もないですよ。会社がなくなるなんて、そんなことが起こるわけがないじゃないですか！」

というのが普通の反応だと思います。

正直なところ、私自身も、「いくら成長カーブ理論から導き出した結論だとしても、二〇二四年に多くの会社がなくなるなんて、さすがに言いすぎか……」と思っていました。遠い将来、会社がなくなることはあり得るにしても、それでも、二〇二四年はさすがに早すぎるのではないか、という実感を持っていました。

ところが、二〇一二年からたった四年間で、会社をめぐる環境や会社の位置づけは、想像以上の加速力で変化し始めています。そうした状況を目の当たりにしながら見えてきたのは、桁違いのスピードで成長する会社です。今、世界の時価総額ランキングを見ますと、日本企業は上位二〇社には一社も入ることができず、ようやく二〇位以降にトヨタ自動車が出てくるといった状況です。

経済学者の野口悠紀雄氏によりますと、トヨタとアップルでは、従業員一人当たりで見ると、利益で一五倍、時価総額で一〇倍という圧倒的な差がついています（『「超」情報革命が日本経済再生の切り札になる』野口悠紀雄著、ダイヤモンド社)。トヨタのように、改善に次ぐ改善を重ねて、シビアな経営を行なっている企業ですらこの状況ですから、伝統企業が新たな時代のトップを走る企業との差を埋めるのは並大抵のことではできません。これだけを見ても、旧来型の会社という形が限界にきていることがよくわかります。

●社内で価値を創る時代から、社外で価値が創られる時代へ

「会社」がなくなることを理解するには、二〇一二年以降の四年間で、「会社」をめぐる環境がどんな変化を遂げてきたのかを知る必要があります。

「会社」をめぐる環境の変化は、大きく分けると、三つあります。

まず一つ目の変化は、

「社内で価値を創る時代から、社外で価値が創られる時代にシフトした」

ということです。

従来の会社が価値を創り出す形は、会社で働く正社員や契約社員、パート社員などがア

イデアを生み出したり、モノをつくったり、サービスを提供したりといったものでした。社外に一部の機能を依頼することはありましたが、価値を生み出すのは、基本的に社内の人材だったわけです。

ところが、今では、社内ではなく、社外で価値を創り出している会社が増えてきました。社外の人がたくさん集まってくるプラットフォームをつくり、集まった人たちが勝手に行動することで、価値を創り出す。そんなビジネスを手がける会社が次々と現れたのです。

その代表格の一つで、よく知られるようになった会社が、Airbnb（エアビーアンドビー）です。

自分の家の部屋の一部や空き家を貸したい人と、短期間の宿を求めている旅行者をマッチングするサイトを立ち上げ、「民泊」というジャンルを創り出したことは、すでにあなたもご存じでしょう。二〇〇八年八月に立ち上げられてから、二～三年のうちに世界中に広がり、急成長しました。二〇一五年の時点で時価総額は約三兆円といわれていますから、単純計算で毎年、数千億円の価値を創り出したことになります。「貸した人と借りた人の間でトラブルが起こっている」「免許を持つ既存の宿泊施設を圧迫する」などという問題や懸念もあり、賛否両論ありますが、今後、「民泊」事業自体は、ますます浸透していくでしょう。

このエアビーアンドビーのビジネスモデルは、まさに社外で価値を創り出す形にほかなりません。

競合となるのはホテルですが、ホテルのビジネスモデルは、宿泊機能を持ったビルを建て、そこで働くスタッフを雇ってコンシェルジュやベルボーイなどに育て上げたり、優秀なシェフなどを雇って、彼らのサービスをお客に提供していくビジネスです。つまり、社内の社員が価値を創り出すわけですね。

それに対し、エアビーアンドビーは、場所を貸す人と場所を借りたい人をマッチングするプラットフォームを創り上げるのは内部の社員ですが、「安く快適に宿泊できる」「デッドスペースを貸して、小遣い稼ぎができる」といった価値を生み出すのは、貸す人と借りる人、つまり社外の人たちです。しかも、会社が何かを注文したわけではなく、自分たちの意志で活動し、価値を生み出しています。

この価値を生むための中心的な活動のことを「コアアクティビティ」といいます。このコアアクティビティが活発になればなるほど、企業は価値を生み出せるというわけです。最初のうちは、知名度を上げるために広告を打ったり、使いやすくするために利用手数料を下げたりといった働きかけが必要ですが、軌道に乗ると、運営サイドが何もしなくても、富を生み出せるようになります。

ホテルは、おもてなしを提供するために、長時間にわたる研修や、人材採用に力をいれる必要がありますが、エアビーアンドビーは、おもてなし教育をする必要はありません。利用客によるレイティング（評価）により、適切なサービスレベルを持った宿泊スペースと、適切なサービスレベルを求める人をマッチングするのみになります。

こうして貸す人・借りる人のコアアクティビティを生み出すことができるため、一気に、全世界に拡大できるわけですが、このエアビーアンドビーの活動は、単に利用手数料を運営サイドにもたらすだけではありません。宿泊者がどういう予算帯で、どこに旅行し、どんな観光旅行をしたいと考えて、どういう活動をしているのか、といったデータを、さらに集めることができます。

すると、このデータをもとに、新たな価値を生むビジネスができます。たとえば、借りた人がその地域でどんなアクティビティをしたいかという希望を汲んで、それに沿った観光プログラムを提供する、といったことができるようになるわけです。

また、一つの広告メディアとして機能するプラットフォーム自体が、旅行者にアピールしたい会社にとっては格好の媒体となります。結果、さまざまな形でビジネスが広がり、高い収益を上げることにつながっていくのです。

このように、社外で価値を創り出している会社の例は、いくらでもあげることができます。二〇〇九年にアメリカで設立されたUBER（ウーバー）もそうです。

こちらは、安く移動したい人と、車で移動する予定があるけれど席が空いているという人や、空き時間を使って自分の車で人を運んで小遣いを稼ぎたい人を結びつける車のシェアリングサービスです。いわゆる、白タクのようなサービスなので、日本ではまだ許可されず、タクシー会社が派遣するリムジンサービスなどを一部の地域で運営しているだけにとどまりますが、ほかの国では認められていて、わずか数年間で、欧米やアジアなど世界各国に急速に広がっています。

こちらも、自分の車に人を乗せる「運転手」と、乗せてもらう「ユーザー」をつなぐプラットフォームをつくったことで、集まってきた社外の人が勝手に活動し、価値を創り出してくれています。

従来のタクシー会社なら、社員である運転手を教育、トレーニングしたわけですが、ウーバーの場合は、そのかわりに、乗せてもらったユーザーが、乗せてくれた「運転手」を評価することによってクオリティを保っているわけです。

時価総額はエアビーアンドビーをはるかに上回り、二〇一五年時点で約五兆円といわれています。しかも創業六年でここまで上り詰めました。

さらに、こうしたプラットフォーム型ビジネスのさきがけである、中国のアリババグループは、二〇一四年にニューヨーク株式市場に上場し、設立から十七年で、時価総額は約二二兆円ですから、成長スピードは一年一兆円が標準になっているのです。

このようなプラットフォーム型のビジネスは、二〇一〇年以降、急速に設立され始めています。

たとえば、私が注目しているアメリカのベンチャー企業に、ファームログスという会社があるのですが、ここは衛星データを用いた農業の経営支援を行なっていて、具体的には降水量や気温などのデータを提供して、効率的な作付けなどのサポートをしています。創業は二〇一二年ですが、わずか二年間のうちに、全米の農家の一五％が利用するようになったそうです。

また、煩雑な人事事務作業を軽減するASPを提供するゼネフィッツは二〇一三年創業ながら、今や米国企業一万社以上が導入していますし、クリエイターが少額融資を受けられる金融機関であるFAB（ファーストアーティストバンク）のような新しいサービスも次々と登場しています。ちなみにFABは、ユーリズミックスのデイブ・スチュワートと、クレディ・スイスの元役員であるマイケル・フィリップが二〇一四年に設立した会社です。このように業界や分野を超えて、ますますこの傾向は強まっています。

プラットフォームビジネスは、収益性、成長のスピードで圧倒的ですから、今後は、どの業界でも、プラットフォーム型のビジネスが非常に強い影響力を持つようになり、既存の業界を破壊していくことになるでしょう。


会社がプラットフォーム型のビジネスを手がけるようになると、社外の人との関係性も変わってきます。従来型の会社においては、会社と取引先（とその下請けの会社）、会社と消費者（お客）といった関係性だったのが、今後はプラットフォームを創る「プロデューサー」と、そのプラットフォームに参加する「プレーヤー」という形になります。

■プラットフォーム型ビジネス

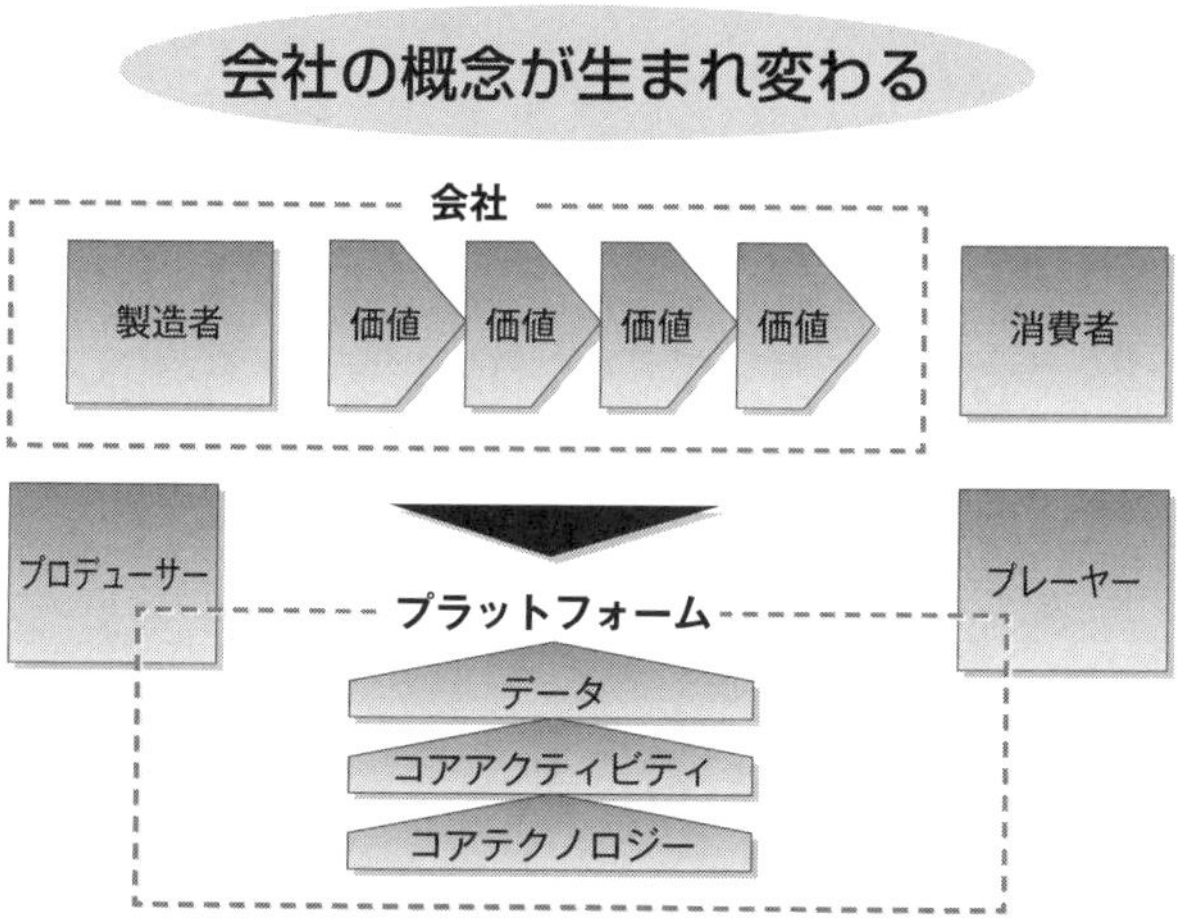

"Platform Scale : How an emerging business model helps startups build large empires with minimum investment" by Sangeet Paul Choudary　26ページの図をもとに作成

つまり、取引先も下請けの会社もお客も、みんながプレーヤーという形に変わり、多面的な活動を行なうようになるのです。エアビーアンドビーでいえば、一人の人が貸す側になったり、借りる側になったりするわけです。この点でも、今までの会社の概念と大きく異なっていることがわかります（プラットフォーム型ビジネスの図参照）。

極端な話、この形態のビジネスの場合、会社に少数のプロデューサーさえいれば、社外の人たちを巻き込んで、いくらでも全世界規模の大きな仕事ができます。ビジョンを達成するために必要な頭脳をネットワークできればいいわけですから、手を動かすだけの社員を多く抱える必要性はないのです。

このように「時価総額をスピーディに最大化していく」のが今のグローバル経営の潮流ですが、私自身は、日本の強さは「ものづくりの強さ」にあり、コスト面だけの判断で現場を手放すべきではないと思っています。ですから、一時的なランキングに惑わされる必要はないのですが、組織の硬直化と事業の弱体化を、そのまま放置し続けることはできません。

日本の根本的な問題は、未来に向けて現場の力を活かしきる、プロデューサー的資質を持った新しい人材が、社内で十分に能力を発揮できる環境にないこと。かといって、社外に飛び出しても、大きなビジネスへと挑戦できる起業環境になっていないという中途半端な状況であるということです。こうした中途半端な状況は、業績が中途半端な会社ほど、温存されていきます。ですから、二〇二四年までの間に、多くの会社が危機に直面することを通して、大きく組織を変革することを余儀なくされ、その結果、未来に飛躍する、新しい会社へと生まれ変わっていくのではないかと、私は考えています。

●社内で予算を獲得する時代から、社外で資金を調達する時代へ

会社の環境に関する二つ目の変化は、
「社内で予算を獲得する時代から、社外で資金を調達する時代へ」
というものです。

なぜ従来の会社に存在意義があったかといえば、その一つは、資金力です。新たな事業を起こすとき、個人や中小企業が、銀行などから多額の資金調達をするのは簡単ではありません。しかし、毎年莫大な利益を稼ぎ、大きな内部留保がある大企業なら、銀行を通すことなく、社内の予算を使うことで、新たな挑戦ができます。つまり、会社においては、自分の部署の予算を確保するために、社内で稟議書や企画書を書いて、上長の決済を通過しさえすれば、資金を調達できるのです。

しかし、そうした企業の特権は失われつつあります。なぜなら、新しいアイデアさえ持っていれば、社外のリソースを使って短期間で資金調達をするような時代へと世の中が変化しているからです。

短期間の資金調達を可能にした代表格が「クラウドファンディング」です。インター

ネット上で個人から数千円程度の少額の融資を募集するキックスターターのようなサイトを活用することで、驚くほど簡単に、多額の資金を調達でき、ビジネスを拡大できるようになりました。

たとえば今、私が注目しているベンチャー企業の一つに、ヨーロッパのローレモン社（RAWLEMON）があります。この会社は、太陽光発電装置の会社なのですが、旧来型の発電装置を扱っているのではありません。水晶球のような球形の発電パネルを考案したのです。球形にすることで、通常の板状の太陽発電パネルと異なり、三六〇度あらゆる角度の太陽光をキャッチでき、二十四時間、三百六十五日、非常に高い効率で発電できるといいます。

ただし、開発したといっても、まだ技術的には完璧ではないそうです。開発がうまくいかずに、そのまま頓挫する可能性すらあります。

にもかかわらず、同社は、クラウドファンディングによって、二〇一六年三月末時点で二六〇〇万～二七〇〇万円の資金の調達に成功しています。技術的に見どころがあれば、世界中から資金が集まり、数千万円クラスの資金なら十分確保できるというわけです。

さらに、このローレモン社の球形の太陽光発電装置を装備し、エネルギーを完全に自給自足化する、完全サステナブルなビルを、東京、ニューヨーク、ロンドン、ベルリンなど、世界の主要都市六カ所につくろうとしています。この野心的プロジェクトについても、クラウドファンディングによる数億円の資金調達に挑戦しています。

ローレモン社のようにクラウドファンディングで資金を調達した会社はたくさんあります。欧米のみならず、中国の会社も、クラウドファンディングの仕組みを利用しています。何か一つのプロジェクトがあると、そのプロトタイプをつくり、キックスターターなどでファンドレイジングをして、まずは資金を調達。そして、商品開発までこぎつけたら、素早くそれを量産できる製造業のパートナーを見つけるというように。

日本でも、ＣＨＩＫＥＩというスタートアップ企業が、ウェアラブル・トランシーバーの開発資金をクラウドファンディングで募ったところ、二五〇〇万円以上の資金調達に成功しました。

米国では、数千万円～数億円程度の資金なら、日本でも最近では、一〇〇〇万円を超えても、クラウドファンディングで賄《まかな》えるという状況から考えると、資金の面でも、従来型の会社の存在価値は減っているといえるでしょう。

最近は資金だけでなく、さまざまなリソースを社外でスピーディに調達できます。3Dプリンターを借りればある程度の試作品はつくれますし、小ロットで対応してくれる外部の製造業者もいますし、フリーのデザイナーなどもクラウドソーシングで簡単に集められるようになりました。商品アイデアを形にしたいと考えたとき、会社にいなくても、商品がつくれてしまうというわけです。むしろ、会社のなかでやろうとすると膨大な時間がかかりますから、会社の外でやったほうが、よほど効率的ともいえます。

このように、「価値を創る」という点から考えると、「従来からの会社」しか果たせない役割が消え、会社の存在意義や位置づけがどんどん低下していることがわかります。

●人を育てる時代から、ロボットを創る時代へ

もう一つ、重要な環境の変化としてあげておきたいのが、「コンピュータの進化」です。それは、とりわけ、人材育成の面に大きなインパクトを与えています。

今まで、会社は、「ビジネスは人材が命」として、人材を「人財」と財産のように考えて、研修などの教育を行なってきました。しかしながら、コンピュータの進化によって、そうした既存のパラダイムをくつがえすような環境変化が訪れています。

一言でいってしまえば、「学習しない社員を教育するより、バージョンアップできるロボットに置き換えたほうが早い」という状況が訪れつつあります。

すでに製造業の現場では、何十年も前から、ロボットが活用されていますが、私がいっているのは、そのことではありません。私がここでいいたいのは、セールスパーソンや店舗のスタッフがロボットに変わるということです。

そんなことは十年先の話だろうと思うかもしれませんが、ここ四年間でも、コンピュー

タの、接客分野での活用が増えています、その結果、今まででは考えられなかったことが実現しています。

手はじめに、アメリカの家具店の事例をご紹介しましょう。この家具店では、なんと初めて来店した客だとしても、店の玄関をくぐった時点で、その人が誰で、どんな商品を探しているのかがわかってしまうというのです。

具体的には、お客が、来店前に、家具店のウェブページを見たときから、家具店側の情報収集は始まります。どのページにどのくらい滞留し、どんな商品をチェックしたかなどの情報から、色や形の好みはもちろん、「家具を一気に買い換えるようだから、おそらく引っ越しする予定だろう」などと背景まで分析するのです。さらに、フェイスブックアカウントでそのウェブにログインしてもらうことで、どんな顔なのかも把握します。

こうして入手した情報が活かされるのは、そのお客が、リアルの店舗に来店したとき。入り口のモニターに写った画像から、なんと「ウェブで引っ越し用の家具を見ていたお客」ということを割り出し、店頭のセールスパーソンのタブレットPCに報告するというのです。

すると、セールスパーソンは、そのお客に対して、「いらっしゃいませ。○○さまでしょうか？」と確認したうえで、その人好みの商品をすぐに提案します。「自然素材のダイニングテーブルをお探しでしょうか？　店頭には出ていないのですが、きっと気に入っていただける商品があるんです」などと、特別な提案をして、お客の気を引くことができます。

この仕組みを導入した結果、この家具店は、短期間で売上が二〇％も伸びたそうです。

このようにデジタルの世界とリアルの世界がシームレスでつながれば、人を介在させるより、ロボットに直に接客をさせたほうが「生産性が高い」という状況が生まれるのです。先ほどの家具店のように、お客が来店したときに、セールスパーソンではなく、ロボットが出てきて、「いらっしゃいませ、○○さま。少し髪をお切りになりましたか？」というふうに接客する光景が、近い将来街のあちこちで見られるようになるかもしれません。

ちなみに、データ分析の精度はかなり進んでいます。実際に海外のスーパーマーケットでは、買い物リストを見るだけで、その人が妊娠しているかどうか、九〇％以上の確率でわかるシステムが開発されているそうです。結果、たとえ誰にも妊娠したと告げていなくても、家に帰ると、妊婦さんに必要なものの広告ばかりがパソコンの画面に出始めるわけですね。

ロボット営業マンは、一昔前の、留守番電話のようなものです。初めて出くわしたときには違和感がありますが、急速になくてはならない存在になってくるはずです。人間ですと、普段から覚えられる顔と名前は、一二〇人程度といわれていますが、コンピュータであれば、顔、名前だけではなく、その人の誕生日、家族の名前と誕生日、購入履歴まで、すべてを記憶する。それだけではなく、感情を込めた声色で対応してくれますから、

「未熟な営業マンに失礼な対応をされるくらいなら、ロボットを出してくれ」

「人間が相手だと話にならない。ロボットを出せ」

と希望する人が出てくるというのは、もはや冗談ではないのです。

そしてこれは、近未来の話ではなく、すでに日本でも現実の問題になりつつあります。

私が顧問をしているあるコンサルティング会社は、住宅メーカーのセールスパーソンのトレーニングをしているのですが、営業研修のときに配ったチラシに「ロボットに負けるもんか」というキャッチフレーズを書いています。要は、セールスパーソンがロボットと対

抗する時代が間近に迫っていると認識しているわけですね。

教えたことをきっちりとやる、従来型の優秀な社員は、どんなに優秀でもＡＩ（人工知能）には勝てない。そうなると、ＡＩのアルゴリズムを開発できるスタッフを動かせる、ほんの少人数のチームが、会社にいるだけで事足りることになります。このように事務作業はロボットに置き換えられていきますので、社員が取り組む仕事の内容を変えられない会社は、社員が重たい荷物になり、急速に弱体化していきます。

逆にいえば、人間にしかできない創造的な仕事を生み出し始める組織は、今後、有能な人間が世界中から集まってきますから、二〇二四年以降は、今までの概念の「会社」をはるかに超える存在になるでしょう。おそらく「国」以上の、社会的影響力を放つようになるのではないでしょうか。

●ディープラーニングの時代――経営判断をする無人タクシー

人を育てる時代からロボットをつくる時代へ。生身の人間と同じような仕事をするロボットや、ＡＩ（人工知能）によってサポートされた人材によって、どこまでの価値をお客に提供できるかを競いあう……。そんな時代がすぐそこに迫っているという根拠はもう一つあります。

それは、ディープラーニング（深層学習）という、コンピュータに情報を学習させる人工知能（ＡＩ）の技術です。これは二〇一二年にグーグルが、一〇〇〇万枚の画像を見せられたコンピュータが、人間が教えなくても、猫の特徴をつかんだという衝撃的なニュースが発表されて以来、急速に研究・実用が進んでいます。

碁の対局では、ＡＩがプロに追いつくのは、十年後だろうといわれていましたが、このディープラーニングを応用した「Alpha碁」は、二〇一六年に行なわれた世界トップクラスのプロとの対局で五戦中四勝。想像以上の短期間で、一気に追いつかれてしまいました。コンピュータが大量のデータを使って学習し始めますと、音声認識、画像認識、翻訳の精度が大幅に上がることが期待されています。

すでにＩｏＴ（Internet of Things、モノのインターネット）という分野が急速に進化し始めていますが、コンピュータ自体が物事を判断する能力が高まれば、その分野の技術は桁違いに進歩するでしょう。

たとえば、アマゾンは、「アマゾンエコー」という商品を開発し、アメリカで販売し始めました。据え置き型のスピーカーのようなこの商品の特徴は、話しかけると、インターネットにつながること。このスピーカーに向かって「紙おむつを一セット欲しい」などと言うと、コンピュータがアマゾンの商品群のなかからその商品を探し出し、商品の購入まで結びつけたり、「ジャネット・ジャクソンの最新のアルバムをプレイして」などと指示すると、ストリーミング音楽配信サービスと結びついて指定した曲を流してくれるようになるそうです。ディープラーニングが活用されれば、その精度は、人間の御用聞きがいるのと大して変わらないレベルまでいくでしょう。

ちなみに、アマゾンは、この商品を、会員に一万円ちょっとで提供し始めました。なぜ安くしているかというと、おそらく、家庭内でコンピュータに話しかけるインフラを押さえてしまいたいという狙いがあるからでしょう。このインフラが世界中に広まれば、現在の比でないほど膨大なデータを集められるようになり、アマゾンはすさまじい覇権を手に入れることになりそうです。

また、同じように、家庭に据え置くタイプの商品として、「ネストラーニングサーモスタット」も注目されています。これはネストラボという二〇一〇年創業のアメリカのベンチャー企業が開発したもので、同社は、二〇一四年にグーグルに三二〇〇億円で買収されました。

サーモスタットとは、温度を感知して空調の温度を調節する装置で、ネストラーニングサーモスタットは人のいる時間などのデータを収集することで、自動的に温度の調節をして、省エネにも貢献、半年から一年以内に二万五〇〇〇円程度の購入代金が回収できるのですが、それでも、日本製のエアコンであれば、もっと効果的な温度調節ができるはずです。

こんな成熟技術に対して、なぜグーグルは三〇〇〇億円を超える資金をつぎこんだのでしょうか。

実は、この商品が注目されているのは、その機能のためではありません。

今後、サーモスタットが「ＩｏＴの中核」になるとみられているからこそ、熱い視線が注がれているのです。最近ネスト社はセキュリティカメラも販売し始めたため、同社製品は家庭内のあらゆるデータを集めるプラットフォームにもなり得ます。

となれば、グーグルカレンダーと、家のなかでの活動データが連動して、質問する前に、答えを出してくれる時代が到来します。

たとえば、今日の午後二時に重要な講演会に行き、スピーチをする予定が、グーグルカレンダーにあったとしましょう。すると、コンピュータが、その日の天候状況や交通状況、その人が家で準備するのにかかる時間などから分析して、的確なアドバイスを送ってくれるのです。髪の毛をドライヤーで乾かす時間やネクタイを締める時間など、あらゆる時間から逆算して、「そろそろシャワーを浴びる時間ですよ」といったことを言ってくれるわけですね。

また、車のカギを探していたら、コンピュータが「ご主人さま、車のカギをお探しですか。カギは居間のソファの左隅に落ちていますよ」と質問をする前に答えを出してくれるようになるでしょう。

もう一つ面白いのは、無人自動車です。すでに、自動車の世界では自動運転車の開発が始まっていて、トヨタが二〇二〇年までの実用化を目指していますが、自動運転が進化して無人自動車が走り始めれば、やがてタクシーの運転手はいなくなり、無人になります。

すると、地域や時間、渋滞状況などの情報を駆使して、無人タクシーが臨機応変に走行ルートを変えたり、近くのお店に案内して成果報酬を得たり、ということが現実に起こってくるでしょう。

最も面白いのは、タクシー自身が経営上の意思判断をするようになるかもしれないことです。

たとえば、利用状況をもとに、「いつまでに、どの地域にタクシーを何台投入すれば、採算があい、事業目標を達成できるか」というようなシミュレーションを行ない、「この地域には車を二台増やしたほうがいい」などと最適な車の台数を弾き出し、「新たに五台車を発注する」といった結論を導き出す。自動的に発注をかけ、自ら稼いでプールしておいた資金で支払いをすませる……。このように、経営者が判断していたことを、人を介在させることなく、無人タクシー自身がタクシーの発注をするという時代がやってきてもおかしくありません。

すると、何が起こるかというと、人間のオーナーが死んだあとも、タクシーは増え続けるという奇妙な現象です。そうなると、会社のオーナーは人間なのかコンピュータなのか、そこすらあいまいになってくるというわけですね。「会社の所有者は人間ではなくなる」というSFの世界の話が現実になる日もそう遠くはないのです。

二〇二四年まであと八年……。八年後には、会社のなかに社員がさほどいなくても、コンピュータの力によって、会社が価値を生み続ける時代がやってくるのは、未来予知でも予言でも何でもありません。こうした時代の到来のカウントダウンはすでに始まっています。

あなたにお子さんがいて、その子が小学生だった場合、彼らが成人して就職する際には、彼らに求められることも、会社が果たすべき役割も大きく変わっているのです。つまり「従来型の会社は、一度死ぬ」と考えたほうが、よほど現実的に、新しい組織像を生み出せることになります。そのような覚悟を持って取り組んだほうが、新しい時代に適応しやすくなるでしょう。本書では、そのことにしっかりとフォーカスしていきたいと考えています。

●会社がなくなる時代、付加価値を生み出せる人材とは？

あれこれ話が広がりましたが、ここまでの話をまとめると、会社をめぐる環境の変化には次の三つがあります。

【従来】社内の活動が価値を生み出す　↓　【今後】社外の活動も価値を生み出す
【従来】社内リソースの活用が容易　↓　【今後】社外リソースの活用も容易
【従来】人間がすべてを判断する　↓　【今後】コンピュータも判断し始める

これらの変化によって、これまでの「会社」は二〇二四年までには、「一度、死ぬ」というのが私の予測です。これからさらに加速する技術革新などの変化に対して、会社のシステムや人材が硬直的になっていて、対応できない会社は、新しい商品・サービスが生み出せないので、急速に力は衰えます。硬直した組織や人材が、飛躍しようとする足枷になるというわけです。会社という法人組織は残り続けますが、組織を「変化を柔軟に受けいれる」体制に変革しない限り、従来の「会社」は、だんだんと消えていくでしょう。

では、従来の「会社」がなくなると、何が起こり、私たちは何をすべきなのでしょうか。

当然ですが、ビジネスパーソンの働き方も、状況の変化に応じて変えていく必要があります。

先日読んだアメリカの雑誌で、アメリカの雇用主の雇用に対する考え方が掲載されてい

ました。要約すると、

「最近、会社のために何をしてくれたんですか？」

「会社のために将来、何をしてくれるんですか？」

この二つの問いに対して、ポジティブな答えが得られなければ、「そろそろ別れるときですね」というのが、彼らの基本的なスタンスだというのです。人を大切にする日本的な経営では、そういうことにはならないでしょうが、しかし社員としては、環境が激変するなか、「私は変化を拒否する」という働き方をするわけにはいきません。日本の会社であっても、直面する状況はアメリカの会社と同じです。

たとえば、プラットフォーム型のビジネスを展開する場合、会社内に必要な人材はそう多くはありません。ゼロから「１」を生み出すことができるほんのわずかな人数のプロデューサーと、仕組みを機械に置き換えるシステムエンジニア、機械に置き換えられるまでの一時的なオペレーター。これだけいれば十分です。正直、「仕事をやらされた」とか、「生活のために仕事をしている」と考えている社員や、会社にただいるだけの社員ばかりが増えていくと、彼らが会社に提供する付加価値はどんどん小さくなっていき、ロボットに置き換えられていきます。

では、これからの時代に求められる人材とは、どんな人でしょうか。

それは、人間にしか生み出せない高度な価値を生み出せる人です。「人間しかできないことは何か?」を考え、人間にしか生み出せない価値を実現し続ける。「社員である自分が稼ぐから、会社がある」と主体的に考えて、進んで行動する。社内外の多くの人を束ねて、リーダーシップを発揮しながら、失敗を恐れずに新たなことにチャレンジし、次々と新しい価値を生み出していく。そのような起業家的マインドを持ったプロデューサー型の人材が求められます。

とくに必要なのは、「CI(コネクティング・インテリジェンス)」。人々のネットワークを形成し、その人たちの能力を引き出せる能力です。

MIT(マサチューセッツ工科大学)メディアラボのマクロ・コネクションズ・グループでリーダーを務めるセザー・ヒダルゴ氏は、著書『Why Information Grows』(なぜ情報は成長するのか)のなかで、「パーソンバイト」という概念を打ち出しました。パーソンバイトとは、一人が情報処理できる能力のことです。

情報があふれる世の中になると、どんなに有能な人であっても、処理すべき情報量がパーソンバイトを圧倒的に超えてしまいます。これまでの社会では、一人の有能な人がいるだけで、なんとかビジネスが立ち上がり、なんとか形になりました。しかし、これからの時代、人間にしか生み出せない価値を実現するには、多くのパーソンバイトを束ねるネットワークをつくり、パーソンバイトを最大化することが求められます。

社内外にかかわらず、専門性を持ったプロフェッショナルの人たちとコネクトしながら、彼らの能力を引き出して、付加価値を創れる人……。会社がなくなる時代には、このような「ＣＩ」を持った人材が求められるようになるのです。

安倍首相が掲げた「一億総活躍社会」。その理想を実現するには、ＣＩを持った人材を大量に増やすことが不可欠といえます。

●変化し続ける社会にとって、安定できる働き方とは？

会社がなくなる時代に求められる「人材」になるためには、何が大切か？

これまでは、一つの人生だったら一つのキャリアを歩めばよかったのですが、これからは同じ会社に勤めていたとしても、三つ、四つと仕事の内容が大きく変わります。ですから、激変する仕事環境に、自らを適応させ変化させていく力が必要です。オペレーティングシステムを入れ替え、そしてさらに、アップデイトし続けることができる力。すなわち、「変化を乗り越える力」が必要なのです。

それを考えるうえで重要な鍵になるのは、「変容型リーダー」になること、「変容型リーダー」を育てる教育です。

変容型のリーダーとは、ハーバード大学教育大学院教授のロバート・キーガン博士の言葉を借りれば、「セルフ・トランスフォーミング・マインド」を持ったリーダーだといえます。

キーガン博士によれば、管理職は次の三つのタイプがいるそうです。

まず、一つ目は、「ソーシャライズド・マインド」の人。これは、周囲からどのように見られるかをいつも気にしていて、自分に責任が押しつけられないように、上司から明確な指示をもらいたいと考えている管理職。一言でいえば、指示待ち族。日和見型のマネージャーです。当然ながら、これからの時代には生き残れない人です。

二つ目は、「セルフ・オーサリング・マインド」を持った人。自分自身の信念や計画に基づいて指示・命令をし、着実に仕事を進めるタイプのリーダーです。過去の成功体験をもとにして仕事を進めるので、これまでと同じ環境で仕事をするなら、着実に成果を残します。しかし、一つのスタイルに固執して、新しい方法をやってみようとしないので、従来の経験がまるで通用しない仕事では、目覚ましい成果を残せません。変化に対応しなければならない時代に適応できるかというと、非常に難しいタイプだといえます。

この二つのタイプの人は、もはやロボットに置き換えられてもしかたがありません。

そのどちらでもない、第三のリーダーこそが、「セルフ・トランスフォーミング・マインド」を持った自己変容型のリーダーです。

過去の成功体験を持っていながら、それに縛られず、柔軟な発想をすることができる。何か問題が起きたときも、その場しのぎの方法ではなく、根本から問題を問いなおす。ときには、自分が手がけてきた事業を否定して、新しい事業を立ち上げてしまう……。このように、「自分の殻を破って成長し続けたい」「変化を乗り越えて、新たな領域を開拓していきたい」というマインドを持っている人材です。

キーガン博士によれば、「セルフ・トランスフォーミング・マインド」を持った人は、多くても団体のなかの七～八％、普通は一％しかいないそうですが、教育によって、こうした人材を数多く生み出すことは、これからの課題といえるでしょう。

「どうすれば、『会社がなくなる』時代に生き残れる人材が育つのか」

「どうすれば、急激な変化がますます加速するなか、組織が柔軟性を保ちながら、またその組織の一員でも、価値を提供し続けられる働き方ができるのか」

「どうすれば、生涯にわたって、自分の価値をアップし続けることができるのか」

理論的にはわかっていたとしても、実際、会社が、日本社会がどこまで取り組んでいるかというと……。個人の努力に委ねられている、もしくは一部の研修会社に委ねられている、というのが実状でしょう。


今後、無人自動車が走り始めますと、タクシー運転手も、宅配も、工事車両の運転手もいらなくなります。今まで知的な専門家として考えられていた税理士や会計士ですら、コンピュータに置き換わると指摘されることもあります。そのとき重要なのは、自分だけが生き残ることではありません。彼らに新しい仕事を創造し、新しい働き方を提案していくことが重要となりますが、日本社会としては、どうすればそれができるのでしょう?

どういう社会制度があれば、誰もがいきいきと働けるようになるのでしょうか。

非常に難問かつ、喫緊《きっきん》の課題であるとは思います。国としてはキャリアコンサルタントを二〇万人へと増やすことで対応しようとしているようですが、相談を受けるコンサルタントだけでは限界があり、実践者が必要となります。雇用を新たに創造するプラットフォームをつくる実践者が必要なのです。

そう考えていたときに出会ったのが、ＵＴグループの若山陽一社長です。

ＵＴグループは、主に半導体関連の工場に人材を派遣している派遣会社です。派遣会社はたくさんありますが、若山社長の話を聞いたとき、私の背中に電流が走りました。

本来、能力がありながら、発揮できていない環境にいる人に、能力を発揮させる。多様な人を束ねることで、「１＋１」を「10」にも「１００」にもするプロデューサー的な人材に育て上げる。若山社長はそうした処方箋をたくさん持っているのです。能力がある人を腐らせる組織のほうが圧倒的に多いなか、きわめて異例の存在といえるでしょう。

私が語ったような「会社がなくなる」という変化は、実は、製造業の現場ではすでに現在進行形で、猛スピードで起こっていることです。その変化を見れば、他の業界でも、これから起こることが予想できます。その製造業の現場で生き残るために試行錯誤し、さまざまな処方箋を見つけだしていったUTグループの道のりをたどっていくことで、私は、「会社がなくなる」時代のヒントをたくさん見つけることができました。

はたしてそのヒントとは？

まずは、次の章で、そもそもUTグループとはどんな会社なのか、若山社長自身に語っていただきましょう。

第2章

目の前から、正社員が消えた十年

――若山陽一

ＵＴグループは、主に大手メーカーの半導体製造工場への技術スタッフ派遣や業務請負を手がける、人材派遣・請負会社です。その他、ＩＴや建築など、他の分野への人材派遣も行なっています。

僕がＵＴグループの前身となる会社を創業したのは一九九五年。創業して二十年程度ですが、おかげさまで、着実に成長することができ、二〇〇三年にはＪＡＳＤＡＱに上場することができました。現在、弊社の技術職社員は一万人を超え、全国五〇〇以上の工場に人材を派遣しています。

「ＵＴグループには、人材派遣業界だけでなく、すべての業界の働き方を考えるヒントがある」と神田さんに言われ、多少驚いておりますが、僕が日々考え、実践してきたことが、多少なりとも読者の方々の参考になれば幸いです。

●十年前は正社員八～九割、今は派遣社員八～九割
――日本の製品づくりを手がけているのは、その会社の社員ではない

まず、私どもの会社の話をする前に、予備知識として、人材派遣業界の変遷と現状につ

いて、少しお話しさせていただければと思います。

人材派遣業界は、一九八五年にようやく労働者派遣法ができたという歴史の浅い業界です。派遣法ができた当初は、派遣可能な業務が一三業務に限られていましたが、段階的な規制緩和によって、二〇〇〇年代には、ほとんどの業界で人材派遣が認められるようになりました。テレビ局の番組制作、ゲーム開発、ショップ店員、コンサルタント……などなど、ありとあらゆる仕事で派遣社員が活用されるようになったのです。

私どもが主に手がけている製造業の派遣に関しては、一九九〇年代は「人材を派遣し、そのメーカーの責任者の指示に沿って動いてもらう」ことが認められておらず、会社で仕事を請け負い、派遣会社の管理者が技術職に指示を送る「業務請負」という形でしか認められていませんでした。

しかし、二〇〇四年の法改正によって、技術職の派遣が最高一年間まで可能になり、二〇〇七年には三年に延長されました。これにより、派遣社員が盛んに活用されるようになり、各メーカーで、社員の非正規化が進んだのです。

十年前と比べると、その差は歴然です。

十年前、弊社が契約していた大手メーカーの工場で働く人のうち、八～九割はメーカー側の正社員でした。つまり、当時弊社は、一～二割の技術職の社員を派遣していたにすぎませんでした。

ところが、現在は、働く人の八～九割を、弊社から派遣されている社員が占めることがごく当たり前の光景になりました（そのメーカーの名刺を持っているからといって、メーカーの正社員とは限りませんので、社外の人にとっては見わけがつかないというのが実際のところです）。

専門技術を持ったスタッフだけでなく、スタッフを束ねるマネージャーも含めた一つのチームを丸ごと派遣するケースも増えています。昔は、スタッフを束ねるマネージャーはメーカー側にいて、現場を仕切っていましたが、今はそうした役割を果たす社員すら現場にいないことも少なくありません。極端な話、外部から見たら「部長」や「課長」クラスの人が派遣社員であることも珍しくないのです。

これは決して弊社に限った話ではありません。他の派遣会社が関わっている工場でも、同じように、派遣社員が占める割合は増えています。ちなみに、平均年齢は上がってきていて、製造業で働くスタッフでいえば三十代半ば、事務派遣に関しては四十五歳くらいになっています。

工場で働く人の多くが派遣社員に切り替わった最大の理由はコスト削減です。激しいグローバル競争に打ち勝つため、メーカー側はギリギリまでコストを削減しなければなりません。

iPhone のような携帯電話はとくにそうなのですが、一気に大量につくるため、ほんの一カ月だけ一〇〇〇人、二〇〇〇人といった規模の人員が必要になることがあります。しかし、二カ月後には一人もいらなくなることも日常茶飯事。となると、正社員を雇うよりは、忙しいときだけ派遣社員を雇ったほうが効率的ですし、そもそも、短期間に数千人の正社員を雇用するのは現実的ではありません。

加えて、最近は、「優秀なスタッフを補充できる」という理由から、派遣社員にシフトしている会社も増えています。以前は、「専門的な仕事はメーカーの正社員が行ない、誰でもできる仕事は派遣社員に任せる」といった傾向もありましたが、今は、たとえば「半導体のエッチングの工程を経験した人材が欲しい」と専門性を外部に求めるメーカーが増えてきました。

近年、IT化によって、簡単な作業はコンピュータやロボットに置き換えられていき、人間が行なう仕事は高度なものに絞られてきました。技術の進化はめまぐるしく、すぐに陳腐化してしまうため、僕たちはどんどん新しいことを学ばなければ、企業としても、個人としても生き残れなくなっています。

しかし、今の企業に、自社の社員を教育している余裕はありません。それでも、新しい知識、技術は必要です。では、どうするか。外から最新の専門技術を持った人を連れてくるしかありません。以前は、「技能を社内で継承することが大事だから、できるだけ内製する」という考えが主流でしたが、時代は変わってしまったのです。

もちろん、派遣会社に新しい技術を持った人がたくさんいるとは限りませんが、二〇一四年に改正、翌年施行された労働者派遣法では、派遣会社が、派遣労働者に教育、訓練をすることが法的に義務づけられました。派遣会社自らが派遣社員をしっかりと教育、訓練することができれば、優秀な外部スタッフを求めているメーカーの工場では、今よりも多くの派遣社員が働くようになるに違いありません。

派遣社員が増えるもう一つの理由は、企業が行なうリストラです。メーカーで希望退職などのリストラが行なわれた数カ月後、あるいは一年後くらいに、業績が回復して業容を拡大する場合、企業は新しい正社員をすぐに雇用できるでしょうか。

話はそう簡単ではありません。企業の経営陣も現場の人たちも、自分たちの仲間をリストラしておいて、すぐに別の正社員を雇い入れるというのは感情的にも難しいことです。また、業績が回復基調であったとしても、それは一時的なことかもしれません。日本は米国などと比べても、解雇は相当な理由がなければ認められないこともあり、経営陣は新たな雇用を躊躇するでしょう。

そうしたとき、企業は派遣社員を雇うという選択をするのです。

また、アメリカではよくあることですが、お客さまの会社の社員の方たちを弊社で受け入れさせていただき、そのまま同じ職場を受託するというケースもあります。

神田さんは、

「会社には最低限必要な人材だけが残り、あとは外部から必要に応じて呼んでくる」

といったことをおっしゃっていましたが、製造業に関しては、まさにそのような事態が起きているといってもいいでしょう。

●派遣社員だけど、正社員って、どういうこと？

工場で働く八割が派遣社員といった状況は、僕たち派遣会社にとっては追い風といえます。このような時代の到来を見越して、弊社では、「派遣されるメーカー、派遣労働者、派遣する当社の三者にとってベストな人材派遣・請負の形とは何か」を追求し、業界初のさまざまな試みに挑戦してきました。

なかでも、最大のチャレンジは、派遣するスタッフのほとんどを「正社員」として雇用していることです。

先ほど、一万人以上の技術職社員がいると申し上げましたが、実は、その社員のほとんどはＵＴの正社員です。正社員ですから、当然、一年限りといった有期雇用ではなく、雇用期間に定めのない「無期雇用」です。そして、その無期雇用は最近始めたわけではなく、創業間もない一九九七年から行なっています。

一般的に、人材派遣会社は、登録している人材を有期雇用することで、リスクを負うことなく経営することを選びます。だから、小規模な派遣会社が多いわけですが、ＵＴグループは、あえてそのリスクを背負ったのです。

しかも、正社員雇用を始めたのは、創業してまもない頃。資本金わずか三〇〇万円で始めた会社であり、決して資金力があったわけではありません。むしろカツカツだったといってもいいでしょう。

しかし、正社員雇用をしたことで、弊社には多くの優秀な人材が集まり、成長を支えてくれました。今では、派遣会社のなかでも、最も同業他社から転職してくる派遣社員が多い会社となりました。当時の選択は間違っていなかったといえるでしょう。

もっとも、僕が始めた頃は、正社員雇用をしている派遣会社は弊社以外にありませんでした。わざわざ自分の首を絞めるようなことですから、他の派遣会社からは、

「正社員として雇うなんて、バカなのではないか」

「どうせすぐに潰れるだろう」

と笑われたものです。

●バイク事故で四日間意識不明。これが人生を決定づけた

それでも正社員雇用に踏み切った理由は、人材派遣業界の旧態依然とした体質に疑問を持っていたからです。また、せっかく起業したのだから、辛そうなほうを選びたい、挑戦する人生を歩んでいきたいという個人的な思いも持っていました。

では、なぜ、僕はそのような思いを持つに至ったのか。

起業に至るまでの紆余《うよ》曲折《きょくせつ》など、少し長くなりますが、ご説明させていただければと思います。

そもそも起業したいと考えたきっかけは、十六歳のときに交通事故に遭ったことでした。交差点をバイクで走っていた僕は、信号を無視して直進してきた車と接触し、そのときの衝撃でバイクの右ハンドルが僕の右腹に突き刺さってしまったのです。

意識不明のまま病院に運ばれ、肝臓の四分の三と、胆のうすべてを摘出。おまけに、右足首は神経断裂と複雑骨折という絶望的な状況でした。四日後にようやく意識を取り戻したのですが、その四日間はまさにスイッチを切った状態。夢を見るわけでもなく、まさし

く無の状態でした。

このときに気づいたのです。

「死んだら何もなくなるんだな。スイッチを切ったように終わりなんだな」

ということに。

輪廻転生《りんねてんしょう》や生まれ変わりなどを完全に否定するつもりはありませんが、少なくとも、若山陽一個人として自覚している人生は、スイッチがオフになったら、そこから先はないと強く実感したのです。

人は必ず死ぬ……。そう自覚したときに行き着いたのが、

「臨終の際、自分の人生を振り返ったときに、記憶に残るものにしたい」

という人生観です。毎日が本の一ページで、振り返ったときに、その一ページをどれだけ内容のあるものにできるか。よい思い出も悪い思い出もあるかもしれませんが、とにかく思い出の数が多い人生を歩みたいと僕は思ったのです。

そんな価値観、人生観を確立してから、僕は、いつも迷ったら難しいほうを選んできま

した。なぜなら、そのほうが思い出に残るから。一喜一憂したい。毎日安泰で、同じような日々を送りたくない。いずれみな死ぬなら楽しんだ者が勝ち。そう考えて生きてきました。

そして、さまざまな選択肢のなかから、起業を選んだのは、自分で主体性を持って何かを決めていく人生を歩みたいと思ったからです。剣道家で銀行員の厳格な父親のもとで、スパルタ教育で育ったこともあり、主体性を持って生きていくことに憧れていました。

というわけで、愛媛県の高校を卒業後、大学進学を口実に起業資金を貯めるため、上京したのです。

当時、起業の夢は漫然としたものでしたが、まずは資金を貯めようと思い、朝から晩までアルバイトに明け暮れました。

昼はビルの窓ガラス清掃。夜は横浜の関内でクラブのボーイ。さらに、ボーイの仕事は午前〇時から一時まで休憩時間があるのですが、その間、路上で、ホステスさんに一杯一五〇円のコーヒーを売っていました。自分で中古の屋台を買ってきて、引いていたのです。よく「その筋の人に目をつけられなかったのか」と聞かれるのですが、その点は大丈夫でした。クラブにお客さまとして来られていたので、顔見知りだったのです。「おお、お前、コーヒーも売っているのか」「そうなんです」という感じでした。

そうしてある日、大学の先輩と偶然再会し、「面白い仕事があるから、お前も一緒に働かないか？」と誘われたのが、人材派遣会社の仕事でした。そこで初めて人材派遣業に触れることになるのです。

一九八九年八月に大学を中退して入社。そしてその二年後に同じ人材派遣業のある大手企業に転職しました。

●「正社員として雇う」という選択

電気・水道・雇用サービス……。人材派遣業は広く公のものである必要があるにもかかわらず、当時の人材派遣業界は、最大手の会社ですらプライベートカンパニーで旧態依然とした業界体質を持っており、僕はそのことに疑問を抱いていました。雇用条件が厳しく、働く側の立場に立った視点が欠けている、そう感じたのです。

後に、その会社は、製造業への人材派遣が禁止されているにもかかわらず、「請負」という名目で派遣を行なっていた「偽装請負」の疑いで糾弾され、転落していくのですが、そうしたアンダーグラウンドなことはやってはいけないと考えていました。

こうしたことを反面教師にして、僕は、一九九五年、二十四歳のときに、UTグループの前身であるエイムシーアイシー有限会社を設立しました。ちなみにエイムとは、「志」という意味です。

このような経緯で起業したため、

「派遣する社員の待遇をいかによくするか」

ということは、常に頭にありました。「正社員として雇用する」という結論に行き着くのは、自然の成り行きだったのです。今では当たり前の「社会保険一〇〇%加入」も、当初から行なっていました。

もちろん、正社員として雇用したことで、当初はそれなりに困ることもありました。まだ顧客が五社くらいのときに、顧客との契約が解約され、二〇人分の正社員の仕事がなくなる恐れが出てきたのです。

ピンチをチャンスに変えるには、行動あるのみです。正社員たちの履歴書を持って、周辺の工場を「こういうスキルを持った人材なのですが、なんとか仕事をいただけませんか」と頭を下げてまわりました。

結果、幸運にも最終的には全員の仕事が見つかり、さらに受け入れていただいた顧客とはその後もお付き合いさせていただけるようになったのです。また、この経験によって、顧客を増やさなければいけないと深く痛感しました。

余談ですが、起業して以来、僕は、このような失敗を重ねることで、多くのことを学んできました。それが今の経営に大きく役立っています。改めていうまでもないことかもしれませんが、失敗は非常に大事なことだと強く感じます。

●一九九〇年代から、派遣の常識をくつがえし続ける

正社員雇用のほかにも、弊社は、競合他社が行なっていなかったことで、派遣社員が働きやすくなる試みを次々と実践していきました。

たとえば、派遣労働者の技能アップに応じて時給を昇給させる「職能給制度」は、一九九〇年代に取り入れていました。普通の企業の正社員にとっては当たり前の話かもしれま

せんが、派遣社員にはこのような仕組みがなく、スキルに関係なく、ひたすら同じ時給で働かされるというのが常だったのです。

この制度を最初に提案したクライアントは、大手輸送機器メーカーY社でした。創業三年目に、Y社に新規開拓の営業に行ったときに、「派遣で働く人々の定着率が低く、一カ月で一割が辞めてしまう。これでは、生産性が上がらない。なんとかならないか」という相談を受け、「派遣する社員に技能教育を施し、技能アップに応じて昇給する」職能給の仕組みを提案したのです。

この制度が導入されると、弊社の派遣社員のモチベーションは高まり、定着率も上がったうえに、生産性も向上しました。この経験によって、弊社の職能給制度のひな形も完成し、他の顧客企業へも広げていったのです。

製造派遣・請負事業を展開している当社。組織的にチームで取り組み、ノウハウが貯まる「一括請負」を中心に手がけることで、躍進してきました。

UTグループ全体として、各工程の製造オペレーションから、メンテナンス・保全サポートまでの幅広い分野での活躍が特徴です。そのため、レベルの高い指導者のもとでの組織的な業務運営を実現。基本的には、学び、教えあいながら技術、知識を蓄積していけるよう、チーム体制で取り組んでいます。正社員として、チームワークを重視しながら働ける環境なので、単に歯車の一つで終わることなく、安心しながらイキイキと仕事をすることができます。

技術職スタッフだけでなく、スタッフを管理するマネージャーも一緒に派遣する「チーム派遣」に関しても、一九九〇年代から行なっていました。工場の一つの工程に関わるスタッフを一括で派遣するという考えは、その頃にはほとんどありませんでした。

これは、クライアントだけでなく、派遣される社員にとってもメリットがあります。

メリットの一つは、孤独感がなくなることです。製造現場では、役割を一つひとつ細分化して、その一つの役割を派遣社員が担うわけですが、こうした働き方に孤独感を覚える人は少なくありません。ましてや、ほかの派遣会社のスタッフと混じって仕事をしていると、互いにあまり干渉しませんから、孤独感は倍増します。しかし、チームで派遣されれば、そういった悩みからある程度解放されるのです。

また、大勢のスタッフとコミュニケーションをとりながら働く能力が磨かれる、というメリットもあります。同じ会社の派遣社員同士だと、先輩が後輩を教えるなど、自然とチームプレーを行なうようになり、コミュニケーション能力が磨かれていくのです。

さらに、マネージャークラスは、多様な現場に派遣されることで、さまざまなケースのマネジメントを経験することができ、マネジメント能力を磨くこともできます。派遣社員がこのようなマネジメント経験を積むというのは、他社ではあり得ないことでした。仮に転職したとしても、マネジメント能力があればできる業務の幅が広がり、立派にやっていけるというわけです。

このような仕組みを取り入れることで、社員の実力は上がっていき、生産性も上がって、クライアントから認められるというよいスパイラルに入っていきました。

●上場、そして二四〇億の借金

業界初の試みによって、業績を伸ばしていった弊社でしたが、二〇〇〇年代は天国から地獄に突き落とされるような出来事もありました。派遣業界の話とはちょっと外れるところもありますが、僕の失敗談が誰かの役に立つ可能性もありますから、お話ししたいと思います。

ＵＴの一大転機といえるのは、二〇〇一年に、派遣する分野を「半導体」に特化したことでした。二〇〇一年にＩＴ不況などの影響で初の減収減益に転落したことから、「専門性が高い」「一工程を請け負う『チーム派遣』に適している」「不況から回復基調にある」半導体の分野に集中することにしたのです。

実は、それまで、弊社は半導体工場での仕事をまったく請け負っていませんでした。にもかかわらず、半導体にシフトしようと考えたのです。大胆といえば大胆な選択でしたが、半導体事業の経験者を二〇名ほどスカウトして、人事制度などを整え、半導体メーカー各社にアプローチすると、次々と受注を獲得。今では、半導体製造の請負に関しては業界ナンバー・ワンとなっています。

そして、二〇〇三年の十二月十二日に、ＪＡＳＤＡＱ市場に製造分野の派遣会社として業界初の株式上場を果たしました。この上場によって得た資金をもとに、装置メーカーなどを買収していき、業容をどんどん拡大。年商は五〇〇億円ほどに成長していました。まさに飛ぶ鳥を落とす勢いだったと思います。

ところが、上場から丸五年後の二〇〇八年十二月十二日、僕は、財務担当役員に呼び出され、こう迫られます。

「民事再生にしないとこの会社は復活できない」

「責任をとって社長を辞職してほしい」

きっかけは、二〇〇八年三月に、問題を起こしていた人材派遣大手・グッドウィルグループの株式を、一一八億円を投じて、三〇・四％取得し、筆頭株主になったことでした。グッドウィルと提携することで業容を拡大するという狙いがあったのですが、グッドウィルのコンプライアンス違反で株が紙きれ同然に……。弊社の株も、一月の時点で二二万円台だったのが、年末の十二月には一万一〇〇〇円台にまで大暴落したのです。会社の借金は二四〇億円にまで膨れ上がりました。

さらに悪いことに、僕個人の借金も三七億円ありました。個人でベンチャー企業に投資していたことに加え、一〇〇〇人の社員に一人一〇〇万円ずつ自社株を配ろうと考え、一〇億円を借りて、市場から株を買っていたのです。

なぜそんなことをしたかというと、

「従業員が筆頭株主になる会社」

を目指していたからです。

これ以外にも、派遣社員の勤続年数に合わせて株を支給する制度や、持株会などを設けていたのですが、これらがすべて裏目に出ました。僕の資産の背景はＵＴの株を四〇％持っていることでしたが、その株価が二〇分の一に大暴落したことで、個人的に会社を救済することができないどころか、債務超過に陥ってしまったのです。

そして、社長更迭と民事再生を迫られたわけですが、僕の頭は冷静さを保っていました。

確かなのは、民事再生をしたら、この会社は終わるということ。会社のブランド価値は一度毀損《きそん》したら、もとには戻りません。

経営は結果が大事。僕は社長職を辞することに躊躇はありませんでしたが、民事再生だけは絶対すべきではないと譲れませんでした。そこで銀行に「私が責任をとって辞めようと思うが、いかがでしょうか」と聞いてまわると、「冗談じゃない。あなたに辞めてもらったら困るよ」という反応が大半。まだ僕にやれることはあると信じ、社長職に踏みとどまりました。

そして経営幹部を集め、銀行から返済を迫られ、せっぱつまっていることは伏せつつ、「絶対に潰れないから安心してほしい」

とだけ告げました。これは気休めではなく、本心でした。本当に必ず返せると信じていました。

とはいえ、それからは地獄の日々でした。子会社を次々と売却して、現金をつくるものの、二四〇億円には遠く及びません。

少しでも返済を延ばしてもらうために、毎日午前中は、八つの銀行をまわる日々。

「全額、一日でも早く、一円でも多く、返します」

「全額、一日でも早く、一円でも多く、返します」

「全額、一日でも早く、一円でも多く、返します」

とオウムのように同じことを言ってまわったのです。どの銀行も「自分のところの借金を先に返してほしい」というわけですが、「返済を優先させてしまったら、会社は倒産し、五〇〇〇人の雇用が失われてしまう」などと粘り強く交渉していました。

そんなとき、一筋の光が差し込みます。二四〇億円の借金のうち六三億円は、ある証券会社にCB(転換社債)を発行してもらい、調達していたのですが、その書類に不備があり、すべての銀行に借金を返さないことには、その証券会社にはお金を返さなくてよいことが判明したのです。つまり、銀行に返済する前に、弊社が潰れてしまえば、この証券会社には一円もお金が入らなくなるのです。

突破口はここにしかない……。僕はこの事実を武器に証券会社と交渉し、証券会社が持つＣＢを一二億円で買い取ることで、五一億円の借金を帳消しにしたのです。これで債務超過状態から奇跡的に脱出し、最終的には五年かけて全額返済することに成功しました。

●時給九〇〇円社員が、執行役員へ

社員の成長を促すために、ＵＴグループでは、二〇一二年から、若くして一気に出世できる「エントリー制度」というチャンスを用意しています。これは社員が、現場のマネージャーや、一つの事業部門を取り仕切る執行役員に立候補できる制度です。

職場が拡大すると、その職場を管理する執行役員やマネージャーといった役職ポストが生まれます。そのため、毎年一回、その重要な役職ポストを、派遣社員のなかから募集するのです。今まで役職がなかった人はマネージャーに、マネージャーの人は執行役員に立候補できます。年齢や経験、入社年次にかかわらず、自由に立候補することが可能な制度です。派遣業界でこのような制度を取り入れたのは弊社が初めてですし、今も弊社だけ。「派遣社員に『出世したい』とギラギラしている人がどれだけいるのか。インパクトはあるけど、形骸化しているのでは？」

という声も聞かれますが、実際のところ、この制度を使って立候補し、マネージャーや執行役員に昇進した人はたくさんいます。

たとえば、三十五歳で本社の製造派遣部門の上席執行役員になった若手のホープがいるのですが、彼は、エントリー制度によってここまで上り詰めてきた男です。もともとは高校を中退したあとにUTグループに入ってきて、新潟の半導体工場で時給九〇〇円で働いていた派遣社員でした。

そもそも弊社に入社した理由は、

「月の半分休めるので、趣味のスノーボードが楽しめるから」

というもの。そんな遊び人だった彼が、UTで働くことで、意識が変わり、自らエントリーして、執行役員にまでのし上がってきたわけです。

派遣社員というと、一流大学を卒業し、一流企業に就職するレールから外れた「非エリート」というイメージを持つ人が多いかもしれませんが、そうしたレールから外れたからといって、能力がないというわけではありません。むしろ、能力を持てあましている原石のような人材が、弊社にはたくさんいます。先ほど例にあげた執行役員は、母親から「高校を中退して遊んでいたあんたが、よくここまでなったわね」と言われたそうですが、きっかけと適切な教育さえあれば、彼らは潜在能力を開花させ、周囲も驚くような力を発揮します。

このような人材を一人でも多く育てることが、ＵＴグループの使命であり、僕の夢でもあるのです。

●「キャリア形成のプラットフォーム」へと舵を切る

今後、ビジネスの世界は、どのように変わっていくのか。神田さんもおっしゃっていましたが、僕も、企業が正社員の雇用をできるだけ抑え、派遣社員をはじめとした社外の人々を活用しながら業務を進める流れが加速していくと考えています。さまざまなクライアントの動きを見る限り、企業が終身雇用のキャリアビジョンを示すことはもはやないとまで思えます。

このようなビジネス環境のなかで、ビジネスパーソンが生き残っていくには、「多様な人たちをマネジメントできる」、もしくは「ネットワークの一員として選ばれるような、高い専門性を持っている」のいずれかが必要でしょう。

そうした状況を踏まえると、僕は、今後のUTグループに求められる役割は、「キャリア形成を支援するプラットフォーム」だと考えています。

社会人としてのキャリアをどのように積んでいけばいいのか。

キャリアビジョンに沿って、どのようなスキルを身につけていけばいいか。

そのスキルをどこで身につけるか。

従来は、企業に入社すれば、そうした悩みは解消されたわけですが、今や企業はどの役割も果たせなくなっています。その余裕がありませんし、必要性も感じていません。

ならば、誰がその役割を果たすかといえば、それは派遣会社でしょう。

二〇一四年の派遣法改正によって、派遣会社に対して、派遣労働者に教育訓練やキャリア形成のアドバイスをすることが義務づけられたことはすでにお話ししましたが、法改正の前から、弊社は、キャリア形成を支援するプラットフォームとしての体制を整えてきました。

弊社に入社すれば、半導体をはじめとしたさまざまな製造現場での経験を積むことができます。ＩＴを使った研修メニューも整えていますし、ウェブエンジニアなどの異業種のスキルを身につけるプログラムも用意しています。

また、前述したエントリー制度を使えば、マネジメントの経験も積むことができます。今後必要とされる「専門性」と「マネジメント能力」の双方が、自分の意志で磨けるわけです。

こうなると、キャリアを形成するなら、メーカーなどの派遣社員を依頼する企業に勤めるより、ＵＴで働いたほうがいい。そんな時代が訪れる日も遠くはないでしょう。

また、時代と逆行するかもしれませんが、正社員として雇用することで、「雇用のプラットフォーム」としての役目も果たしたいと考えています。

現在、研究を進めているのは、アメリカで普及している「ＰＥＯ(Professional Employer Organization)」という仕組みです。

これは、人材をメーカーとＰＥＯが共同雇用し、ＰＥＯが賃金や福利厚生などの労務管理をすべて請け負うという仕組み。メーカーから契約を解除され、別のメーカーに派遣されたとしても、同じＰＥＯに入っていれば、退職金や雇用保険、福利厚生などはそのまま引き継がれるので、混乱が生じにくくなるし、転職がしやすくなるのです。

ＰＥＯは、フレキシビリティとセキュリティの造語で「フレキシキュリティ」を果たす存在だといわれていて、五〇〇万人も雇用する巨大なＰＥＯもあります。日本の法律が変わらないとできないのですが、法律が変われば、このような仕組みの導入もしていきたい。

また、製造現場の派遣社員は女性が少ないので、保育園や託児所などの整備も検討していきます。

うちの主役は製造現場の社員。どのように彼らをサポートしていくのが最適な形なのか、これからも模索し続けていきます。

第3章

会社をなくしてわかった可能性と限界

——神田昌典

●ビジョンに夢中になれる人が未来から選ばれる

二〇二四年までに、これまでの「会社」が一度死に、社外のリソースやロボットなどを柔軟に活用する、今までの「会社」の枠を超えたネットワーク型の組織が誕生する。このような時代に活躍できる人材は、環境の変化に対応して、自分を変革し続けられる変容型リーダーである……。

第1章では、このような話をしました。

第2章の若山社長の話を聞いても、企業環境がめまぐるしく変化するなか、これまでどおりの働き方に固執していては、せっかく新しい時代に生まれたチャンスを活かしきれないことが、明らかでしょう。

さらにいうと、今後、未来から選ばれる人材とは、「組織のビジョンの実現に、情熱を注ぎ込めるコネクティング・インテリジェンスを持った人材」です。

ビジョンに夢中になれる人が集えば、高度な課題にもあきらめることなく挑戦できますし、困難な仕事でも強い結束力で取り組むことができます。極端な話、会社という形態をとる場合、これからの社員採用のシンプルな基準は、生涯にわたって、ビジョンの実現に情熱を持てる仲間になれるかどうかにつきます。その人たちが核となって、社外のリソースを活用すれば、いくらでも大きなことができるからです。

もちろん、雇う側も、聞くだけでワクワクするようなビジョンを生み出せなければ、人材は集まりません。時代の変化とともに衰退していきたくなければ、自社のビジョンは未来に似合うものに進化させていかなければなりません。

以上のような結論に至った背景には、私自身の実体験があります。経営者としては大きな挫折でありますが、反面教師としてお聞きいただければ幸いです。

●二〇一〇年──癌になって、会社を解散せざるを得なくなった

それは、二〇一二年に、私自身が会社を「解散」したことです。

解散するきっかけは、二〇一〇年の十二月に、左手の指の皮膚癌が見つかったことでした。悪性黒色腫という悪性度の高い癌で、脇の下に一三ミリの腫瘍も発見されました。も

しこの腫瘍が悪性なら「ステージ3」の癌となり、五年生存率は五〇％……。

そのため、仕事の量を一気に減らさざるを得なかったのです。

当時、会社の稼ぎ手は、ほぼ私一人でしたから、私が働けなくなる時期が長引きますと、社員に退職金も払えなくなります。ですから最悪の事態になる前に、当時、働いていた三〇数名の社員さんを前にして、私の病気のことを含め事情を説明しました。

するとみんな、私が治療に専念できるようにと、それぞれの選択肢を快く検討してくれたのです。結果、私は創業から十四年間、育ててきた会社をなくしました。実際には私が一人残っているので、本当に会社をなくしたわけではないのですが、事実上の解散といえる状態になったのです。

その後、手術を経て、奇跡的に癌を完治させることができ、仕事に復帰。

しかしながら、一～二年後に癌が再発しないという保証はありません。体力が安定するまでは、社員に対して責任を持てないと考え、当面は「一人会社」のままでいくことを決めました。会社は私一人しかいない状態にして、社員さんのなかで独立する意向があった人とは、請負契約を結び、引き続き仕事を手伝ってもらいました。

この経験を通じて、私は会社をなくすことで生じる可能性とともに、会社をなくすことの限界も実感することができました。第3章では、そのお話をしていきたいと思います。

●チャットワークで生産性四倍。週一日だけ二時間ですべてがまわる

「社員をゼロにしたのだから、さすがに、事業規模は縮小せざるを得ないだろう」

おそらく、ほとんどの人はそう思うでしょう。

しかし実際には、手がけていた事業の多くは、継続できました。執筆や講演など、個人でできる仕事だけでなく、講座運営や教材制作など、多数のスタッフが必要な仕事も、かつての社員が社外ブレーンとなって新たな体制を築きました。また二〇一二年には、年初に全国一三都市を縦断する講演ツアーを始めたほか、新たなプロジェクトも多数始めました。

これだけ多くのプロジェクトを社員ゼロでも行なえるのは、二〇〇〇年代に入って、アウトソーシングを引き受けてくれる会社が非常に増えたのと同時に、有能な人材が個人会社をつくり、複数のクライアントに同時に、自らの専門サービスを提供し始めたからです。

つまり、新しい体制では、人を雇うのではなく、会社を雇うようになったのです。プロ意識を持つ専門家同士が集まると、仕事の生産性は、目に見えて上がりました。

なぜでしょう？

オフィスを構えていた頃は、毎日、毎日、午前九時半から午後五時半まで会社に出ていましたが、社員ゼロになってからは、週一回になりました。会社に顔を出すといっても、事務所をなくしてレンタルオフィス一つで仕事をしていましたから、四～五名のコアなメンバーが喫茶店に集まって、週に一回だけ、二時間のミーティングを行なうといった状況でした。

しかし、それだけでも、プロジェクトを進めるための十分なミーティングができました。いつも会えないうえ、時間に制限があるとなると、いかに短く的確に伝えるかを、それぞれのメンバーが事前に準備して、ミーティングに臨みます。

だから、無駄がないのです。

では、普段のちょっとしたやりとりはどうしたかというと、「チャットワーク」というビジネスアプリを使って、行なっています。チャットワークは、日本発のクラウド型チャットアプリで、社内外の複数の人とチャットをしたり、ファイルを共有したりすることが簡単にできます（実は、この本を担当した編集者との打ち合わせも、チャットワークを使って行ないました）。

このような方法で本当に仕事がうまくいくのか、最初は私も半信半疑でしたが、実際にやってみると、想像をはるかに上回るレベルで質・量ともに充実した成果を出せたのです。

会社と違い、業務請負の関係は、残業という概念がなく、土日もない世界です。三百六十五日二十四時間連絡がとりあえるのは、仕事好きの人たちにとっては楽園でした。

毎日通勤することなく、家で仕事ができるのは、小さいお子さんを持つお父さんやお母さんにとっては最高の環境で、自然にワークライフバランスを実現していました。子どもが寝静まった深夜に、溜まった仕事を片づける方もいれば、朝五時から仕事に集中し、夕方には遊びに出かける方もいます。

じっくりと話しあう必要がある相談事をチャットで行なうのはさすがに難しい面もありますが、そのような案件は毎日あるわけではありません。実際、業務コミュニケーションの大半は、一、二往復のやりとりで解決するようなことばかりです。また、面と向かって話すのが苦手な人も、チャットなら言えるということもあるようで、意思疎通のすれ違いも少なくなりました。

このような働き方に変えたことで、私の生産性は確実に高まりました。

往復一時間ほどの通勤時間がなくなったことに加え、会議で話が堂々めぐりになって予定以上の時間を消費したり、社員からちょこちょこと相談を受けて対応したりする時間がなくなったことで、一人で思考に集中する時間を捻出できるようになり、生産性が飛躍的に向上したのです。

私自身にも経験がありますが、思考に集中する時間を削って、コミュニケーションや調整に多くの時間を費やすと、仕事をしたつもりにはなれるのですが、実際の成果が伴わないということは少なくありません。

やはり、仕事は成果とセットで考えなければ、生産性はいつまでも上がらないのではないでしょうか。あくまで実感値ですが、私自身の生産性は以前の四倍に跳ね上がりました。


さらに面白いのは、日本全国さまざまな場所に住む有能なメンバーを活用できるようになったことです。

多くの社員を雇っていた頃は、当然、都内の事務所に通える場所に住んでいる人を雇うことになりますから、採用対象者は東京近郊に住む人に限られていました。

しかし、「会社に来なくてもいいよ」というようにすると、大阪でも福岡でも徳島でも、どこに住んでいても大きな問題にはなりません。その結果、仕事に関わるメンバーのうち、約三割が、地方在住で東京には出張で訪れる人に変わりました。

たとえば、ビデオ会議で彼らと話していると、パソコン画面に映る広いログハウスで、子どもが横切る光景を見たり、またワンワンという犬の声や、ホーホケキョという鶯《うぐいす》の鳴き声が聞こえてきたりすることもあります。尋ねてみると、地方都市の深い自然のなかに住んでいるとのことでした。

このように通信技術の進化により、日本全国、はたまた海外にわざわざ支社を構えなくても、最高の人材を確保することが可能になったわけです。

新たにチームに加わったメンバーに尋ねると、「この働き方に慣れてしまうと、ほかでは働けない」と大好評。これまで、近くに住んでいる人は、遠くに住んでいるよりも優遇される面があったように思いますが、これからは距離の制約がどんどんなくなっていくため、組織のビジョンに深くコミットできるメンバーであれば、どこに住んでいようが、一緒に働くことができるようになるでしょう。

以上、私自身の経験を書きましたが、このように、いざ会社をなくし、以前の働き方にこだわらなくなってくると、仕事の生産性が上がるという側面が本当にあったのです。

●再び正社員を雇いだした理由。次世代へ継承できる会社にするには？

ただし、会社をなくすことは、数多くのメリットがある一方で、解決できない限界もあることに気づきました。

その限界を一言でいえば、「永続的な組織はつくれない」ということです。

私がイニシアティブをとって働く限りにおいては、みんな働いてくれるけれども、私が働かなくなった瞬間に、働かなくなるという状況が生まれることになります。

これは、決して、私が仕事をお願いしている人たちのモチベーションやスキルが低いという話ではありません。これ以上の仕事は望めないだろう、という人ばかりがそろっていると自負していますし、信頼を寄せています。

しかし、私の仕事は、著作業をきっかけとしたコンサルティングであるので（頭脳労働のようにみえますが、実は肉体労働です）、私が時間を使ってせっせと働かない限り、稼ぎは得られません。いってみれば、歯医者さんのようなもの。歯医者さんの資格を持っている人が治療しない限り、どんなにモチベーションが高くて優秀な歯科衛生士がそろっていても、その歯医者は存続できないのと一緒です。

セミナー業に関しても、たとえほかの講師にお願いしたとしても、そのセミナーは、私の著作業（＝肉体労働）が前提にあってのことですから、私が働かなければ続きません。

つまり、オーナーが亡くなっても存続するのが会社というものですが、今のようなスタイルをとっている限り、永続的な会社にはならない、というわけです。

一人オーナー企業としては、会社としても成果を上げられると思いますが、外部スタッフを含めたチームが、中心人物の活躍を超えた活躍ができるかというと、できない。すなわち、パーソンバイトを超えた活躍はできない、ということを改めて思い知らされました。

「この会社は、自分が死んだら、なくなってもしかたない……」

三年間ほど、社員ゼロ・仕事はアウトソーシングの体制を続けたあと、私は、今のチームの限界を感じ、そんなことを考えるようになりました。会社の寿命が十年に減り、事業自体の寿命も三〜五年という時代にあっては、一代で会社を終えるというのは、時代の趨勢であり、しかたのないことではないか、と。

そう考えていたのですが、あることをきっかけに、「やっぱり、次世代に継承できる会社をつくっていこう」と考えるようになりました。

そのきっかけとは、高校生になる娘と食事をしたときに、

「大学進学に当たって、どういう仕事をしたいの？」

と尋ねたことです。すると、娘は、

「教育をやりたい。国際協力にも関心がある」

と答えました。

以前は幼稚園の先生になりたいと言っていたので、そのことかと思ったら、そうではありませんでした。貧困によって子どもが教育をろくに受けられないような国に行って、なんらかの方法で、教育が受けられるような手助けをしたいという夢を抱いていたのです。

そんな娘の話を聞いて、

「教育と国際協力って、それ、パパが仕事でしていることだよ」

と返したのですが、そのときに、ふと思ったのです。

「娘と同じように、教育と国際協力に興味を持っている高校生はたくさんいるはずだ。それなら、私が引退したあとも、うちの会社は、存続する価値はあるんじゃないだろうか」

と。教育と国際協力を手がけている企業や団体はほかにもたくさんあるけれど、うちの会社のような教育メソッドを持っている企業はほかにない。それなら、残すべきではないか、と思ったのです。


では、次世代に継承できる組織にしていくためにはどうしたらよいか？

そう考えたときに至った結論は、

「正社員が必要である」

ということでした。ビジョンに深くコミットし、ネットワークの核となる、生涯にわたって一緒に働きたいと思えるような正社員（仲間）が、少数でもいいので必要だと考えたわけです。

●社員ゼロから「ハイブリッド型人事」へ

こうして、二〇一一年から約三年間、身をもってネットワーク型組織の実験をしたあと、二〇一四年一月から、正社員を雇いだしました。

もっとも、正社員の数はそれほど多くはありません。この本を執筆していた二〇一六年二月時点で、私が代表を務めるアルマクリエイションズの仕事に携わる人は三〇名ほどいるのですが、正社員は五名しかいません。あとのメンバーは、個人会社経営者をはじめとして、契約社員や派遣社員、アウトソーシング会社のスタッフなど、さまざまな人に協力をお願いしています。

この形を、私たちは、「ハイブリッド型人事」と呼んでいます。

正社員が増えない理由は、こちら側が受け入れないというわけではなく、正社員になりたがらない人がたくさんいるからです。

たとえば、「家族の転勤があるかわからないから、今のままがいい」「派遣社員のほうが自由だ」と、契約や派遣、請負などを選ぶ人は少なくありません。年齢を重ねてきて「今さら正社員はちょっと辛い」といった声もありました。また、自己責任で結果を出すプロ

アルマクリエイションズのハイブリッド型チーム。正社員、会社経営者、業務請負といった多様な人材が集う。地方在住で、月に1回程度しか会わない正社員もいる。

同士の働き方に慣れてしまうと、「正社員として働きたい」という人は、多数派というわけではないこともわかりました。

しかし、たった五人でも、会社のビジョンにコミットした正社員がいれば、その社員を中心に多くの雇用を生み出しながら、会社はまわっていく。そのビジョンによって、私の引退後も、会社は存続する可能性が生まれました。

実際、「当社のビジョンに、生涯コミットしたいかどうか」を基準に、正社員を採用したのですが、その人たちを核として、契約社員や業務請負のメンバーも含めて、結束力のある組織ができあがりつつあることを実感しています。

何かイベントを行なうときには、全員で手を取りあって「顧客に奉仕する」ことを宣言して、仕事に向かうのですが、そのときには、得も言われぬ一体感を感じることもできるのです。「神田昌典とアルマファイブ」のような仲のよい関係でありながら、ビジョンの達成に向かって自分たちを変革し、切磋琢磨しあえる関係が築かれています。

今後も、正社員を増やしていくつもりですが、決してすべての人が正社員になることを期待するわけではなく、それぞれのキャリアデザインに応じて、働き方を選んでもらう。そんなハイブリッド型人事によって、発展的なネットワークを形成していければいいと考えています。

●何をもって正社員とするか?

新しいネットワーク型の組織を創り上げるうえで参考になると思いますので、まだ実験段階ではありますが、ハイブリッド型人事について、私たちの試みを共有いたしましょう。

まず定義ですが、ハイブリッド型人事とは、「組織ビジョンに共感し集ってきたチームメンバーが、それぞれのワークライフスタイルで、求められる責任を果たしながら、自己実現していく最適な場所と制度を創り上げる試み」ということになります。

シンプルに言い換えますと、仕事も家庭もしっかりと責任を果たしながら、誰もが楽しく働ける場所をつくりましょう、という私たちなりのチャレンジなのですが、これが始めてみると、なかなか難しい。

なぜなら、もともと会社といえば、正社員ばかりだったのが、そのうち正社員と派遣社員になり、次に正社員と派遣社員＋契約社員となり、さらに正社員と派遣社員＋契約社員＋業務請負、しかも業務請負先の社員や、取引先の社員が集まってくるという状況が生まれているからです。

そのようななか、それぞれが夢中になって、力を出しあいながら働ける場所をつくるには、新しい報酬制度や評価制度、それぞれ異なる契約形態が必要になり、その組み合わせを考え、最適な答えを出すには、もはやディープラーニングに頼ったほうが早いと、投げ出したくなるほどでした。

このような多様な人々が集まるなか、私が、最も悩んだ問題は、何をもって「正社員」とするか、ということです。

もちろん先ほどお伝えしたように、チームのビジョンにコミットするのが、正社員ということになるのですが、実際問題、派遣社員でも、業務請負者でも、当社にものすごく愛着を感じ、貢献してくれる人は多数います。

ですから、いったいどこが、正社員とその他の分かれ道か、ということなのですが、私が行き着いた結論は、正社員とは、当社のビジョンに共感し、当社の仕事を専業としながら、生涯にわたって働く意向があり、しかも規律を持ったチームワークで働くことで、自己実現が加速していく人ということになりました。

わかりやすくいってしまえば、

「正社員は、組織ビジョンの実現を、自らのライフワークだと決めた人」

「他のメンバーは、自らのビジョンの実現のために、当社に関わる人」

ということになります。こうして考えてみると、正社員を雇うことは、会社社長にとってみれば、家族を持つのと同じぐらい、大切な決断ということになります。

「いやあ、神田さん、そんなに真剣に考えていたら、誰も雇えませんよ」という経営者もいるだろうし、また、そんなに重たいのであれば、正社員にはなれません、という人もいるでしょう。

ただ本質を突き詰めていきますと、これからの仕事は、生活費を稼ぐためにしかたなく、やるものではなくなってきています。今学校で、小学生や中学生からキャリア教育が行なわれ始めていることを考えると、二〇二四年には、誰もが自己実現のために、仕事を選ぶのが当然になっていることでしょう。

つまり、食べるために、しかたなく働くのが仕事だという工業化時代の、会社のつくり方とは、根本的に変えていかなければならないのです。

新しい時代に重要になるのは、揺るがない会社のビジョンであり、そのビジョンに揺るがないコミットメントをしているのが経営幹部。そして、その候補生が正社員です。このコアメンバーがしっかりと結束力を発揮すれば、あとは、まわりに優れた才能が集まり始めます。

ここは、大切なので、強調しておきます。会社の中核メンバー、経営幹部の結束力をしっかりと固めること。おそらく人数としては、六名程度になるでしょうが、この作業をしっかりやると、新しい時代に飛躍する新しい組織づくりの半分は終わったようなものです。

組織の核、そして、それを支える制度・基盤をつくりますと、あとは細胞分裂が始まったかのように、有機的なネットワークがどんどん広がり始めます。そして、次世代を担う組織のまわりには、多数の仕事が生み出され、多数の雇用が創られることになります。

●高度な能力を持つ主婦、そしてMBAが、中核チームをサポート

組織の頭脳となる中核メンバーが固まったら、さまざまな業務をネットワークでつながったメンバーたちにお願いすることになります。

もっとも、すべての業務をお願いするわけではありません。仕事のやり方自体を見直したり、顧客へのホスピタリティを徹底したりといった企業戦略や職場の文化構築に関わる仕事は、中核メンバーにしかできない仕事です。そこをしっかり押さえて、ビジョンや文化を確立させれば、事業の成長にしたがって増加する日常業務は、柔軟にアウトソーシングできるようになります。

幸い、最近では、IT化が進んだことで、そうした日常業務を、安いコストで外部のスタッフにアウトソーシングできるようになってきました。

たとえば、注文や問い合わせなどに対応するカスタマーサポート業務は、従来は、自社で正社員や契約社員、派遣社員を雇ったりして行なう企業が多く、アウトソーシングする

にしても、コールセンター代行会社にそれなりのコストを払って行なっていました。しかし、今は、主婦のネットワークを活用することで、低コストで、クオリティの高いサポート業務が行なえるようになっています。

私たちが依頼している、ＮＰＯ法人「ウーマン・キャリア・デザイン」は、そうしたサービスを手がけている団体の一つです。このＮＰＯは、かつて一流企業で働いていて、今は子どもを育てるなどの理由で専業主婦をしているけれども、在宅で働きたいという主婦を約千人もネットワークして、在宅秘書サービスを請け負っています。

こうした秘書サービスは、依頼した企業から見れば、フルタイムの社員を一人雇うのに躊躇している場合、実働時間だけ対価を支払えばいいので、大きな経費削減になります。しかも、かつて第一線でバリバリ働いていた高度な能力を持つ女性を雇えるのですから、非常にコストパフォーマンスが高い。また、採用・雇用に関わる煩雑な事務作業に時間をとられることもありません。

一方、主婦の側から見れば、子どもを迎えに行くまでの三時間しか自由な時間がなければ、なかなかフルタイムの仕事には就けないけれど、在宅でいいとなると、ちょっとした空き時間に集中して仕事ができる。日中に、ママ友たちとランチにも行けるし、何よりも、子育てをしながらも、社会とのつながりを保てます。このように会社にとっても主婦にとっても、ウィン・ウィンの関係が築けるわけです。

余談ですが、この団体では、ある方法を採用したところ、主婦の定着率が急に上がったそうです。その方法とは「直接会っての、採用面接をしない」というもの。普通なら、よい人材を採るためには、気合いを入れて面接をしそうなものですが、真逆の方法をとったのです。

その結果、思いがけないことに定着率が上がったといいます。理由は、推測ではありますが、応募者に直接、対面してしまうと、会社のビジョンそのものよりも、会った面接担当者の第一印象によって、その後、実際に働く際のモチベーションが影響を受けてしまうのかもしれません。

仕事自体をきっちりとこなすことに自己実現を感じるのであれば、近い距離で働いて人間関係に気を煩《わずら》わされるよりは、距離をおく働き方のほうが、長く継続できる場合もあるようです。フェイスブックなどのSNSで広く浅い人間関係に振りまわされることが増えたなか、職場でこれ以上人間関係の悩みを増やしたくない。それらから解き放たれて、純粋に仕事だけをしたい、という人が増えているのかもしれませんね。

一方、コンサルティングのような高度な仕事はどうかというと、こちらも低コストでアウトソーシングできる仕組みが生まれています。

二〇一五年に誕生した「ＭＢＡバンク」がそれです。

これは、高額なフィーを払う余裕がなくコンサルティング会社に仕事を依頼できない中小企業と、ＭＢＡ（経営学修士）の取得を目指して国内外の有名ビジネススクールに通っている学生をマッチングするサービス。

学生といっても、企業で実務経験のある人が多いですし、慶應義塾大学や早稲田大学、京都大学などトップクラスのスクールに通う人ばかりなので、依頼する相手としては申し分ありません。また、現役学生だけでなく、修了生もいます。高度な能力を持つ企画型社員を高い給料で雇い続けなくても、必要なときだけ雇うことができるわけです。

一方、学生にとっては、授業で学んだことを実践する絶好のチャンス。今の勤務先で自分の能力が活かせなくても、他社の仕事を請け負うことで、企画力を磨けます。さらには、自社の仕事だけではわからないような異業種の見識も持てます。依頼する側、される側、双方にメリットがあるのです。

仕事を依頼したいときには、ＭＢＡバンクに、依頼したいプロジェクトと予算を登録します。「ＳＮＳを使ったＷｅｂマーケティングの企画立案」「『家具業界のブランド力調査』のアンケート設計と分析」「コインランドリー業界参入のためのビジネスプラン作成」など、どのようなプロジェクトでもかまいません。

すると、学生から、提案内容と見積もりがメールで送られてきます。複数の学生から提案がきたら、一人だけ選ぶという仕組みです。つまり、プロジェクトを登録すれば、ウェブ上で優秀なコンサルタントのコンペができるわけですね。

コンサルティングを行なう学生と電話やメールなどで連絡をとりながら、プロジェクトを進めていき、最終成果物を納品してもらいます。通常、コンサルタントに一つのプロジェクトを依頼した場合、月額にして何十万円、何百万円ととられても不思議ではありませんが、ＭＢＡバンクを利用した場合、一プロジェクトにつき一〇万～二〇万円で依頼できてしまいます。

成果物の質は、もちろんトップコンサルタントには及ばないものの、コストパフォーマンスは高いようです。一〇万円台で、よいビジネスプランやレポートが手に入るなら、儲けものといえるでしょう。同時に、あるいは間隔を空けて、何人かに依頼すれば、さまざまな意見が得られるわけです。

このように、高度な知的労働に関しても、低料金で利用できる時代になっているというわけです。

●「うちみたいな地方企業が、こんなに有能な人材を雇えた」理由

「ビジョンを掲げて、そのビジョンに共感してくれる中核メンバーを集めればいいのはわかった。でも、うちみたいな地方の中小企業には、その有能な人材が集まらないんですよ……」

そう嘆く人もいるかもしれません。

しかし、最近では、大企業で経験を積んだ有能な人材が、自分のライフビジョンを持ち、「自分の能力を活かしてそのビジョンを実現できるなら、地方でも中小でもかまわない」と、同じベクトルのビジョンを掲げた地方の中小企業に移るケースも出てきています。

このような地方の中小企業と有能な人材を結びつけているのが、「ビズリーチ」というサービスです。

このサービスの特徴は、いったん会費を払うと、半年間は、何人でも「面接し放題」である点です。登録している求職者は、前職で経営幹部や管理職についていた実力者ぞろい。求職者から応募してくるのを待つだけでなく、こちらから登録者のデータベースを検索し、職務経歴書を見たうえで、スカウトすることもできます。有能で自社のビジョンに共感してくれそうな人材に、アプローチできるわけですね。

求職者は、無料で登録できますが、積極的に転職活動をするには、一カ月三〇〇〇～五〇〇〇円支払う必要があるため、試しに登録しただけという人がほとんどおらず、真剣度が違います。

海外では、求職者と企業をマッチングするサービスとして、世界では、リンクトイン(LinkedIn)というサービスが広がりましたが、不特定多数に自分の情報が漏れることなどもあり、日本ではあまり広まっていません。

それに対し、ビズリーチは会員制をとっていることから、安心感があるようで、非常に当たりました。匿名を好む日本人ならではの傾向といえるでしょう。

採用する側からは「驚くほどよい人材を確保しやすい」と高い評価を受ける一方、求職する側からも「転職先の多様な選択肢が得られて、納得のゆく転職ができる」と評価されています。思ってもいなかったような企業からアプローチを受ければ、自分の隠れた可能性に気づくこともあるでしょう。このように、双方にメリットがあることから、利用する企業も求職者も順調に増えているようです（企業がプロフィールを見て探していたら、自社の人間を発見した、ということもあるようですが……）。

いずれにしても、高いビジョンを掲げている会社であれば、企業規模や場所に関係なく、有能な人材を雇いやすくなったことは、確かでしょう。

●社外に出て、自らキャリアを開発せよ

以上の状況を、働く個人の立場から見てみると、会社がなくなる時代とは、「本当に自由な働き方が選択できる」時代であることがおわかりいただけるのではないかと思います。

同じ会社で働くにしても、正社員や契約社員、外部パートナーとして関わる方法もあれば、ウーマン・キャリア・デザインやＭＢＡバンクのようなサービスを利用して関わる方法もあるわけです。ＩＴがますます進化することで、働く場所や時間にも縛られず、自分に合った方法が選べるようになるでしょう。

そのとき、重要なのは、「自分のキャリアビジョンが明確かどうか」です。それがはっきりしていなければ、自分に合った働き方は選び出せませんし、キャリア開発もできないわけですが、自分のキャリアビジョンを考えたとき、多くの人は、それがあいまいであることに気づくでしょう。

以前は会社がキャリアビジョンを描いてくれていましたが、企業が人を効率的に扱い始め、働く側も終身雇用に縛られない自由な働き方を求めたことで、今では、キャリアビジョンを描いてくれる会社のほうが稀になりました。

その結果、多くの人は、ストーリーのない道をさまよっていたわけです。最近では、小中学生にキャリア教育を施すようになりましたから、彼らが大人になる頃には、みんながキャリアビジョンを明確に持つ時代が訪れると思いますが、現役のビジネスパーソンはそれが抜け落ちています。失われた二十年とは日本経済の発展が失われたのではなく、自分が未来に向かうキャリアストーリーが失われた時代だったといってもいいのではないかと思います。

いずれにしても大切なのは、自分のキャリアビジョンを明確にして、自分のキャリアを主体的に開発していくことです。

アメリカでも、「自分自身のキャリアは自分で開発する」という風潮は強まっていて、本を読んで新しい知識を入手するのはもちろんのこと、自腹を切って、ワークショップや合宿型の研修に参加している人が増えています。そうした活動によって、スキルを磨いたり、人脈を築いたりするだけでなく、他者との交流を通じて自分のキャリアビジョンを見つめなおし、キャリアを切り拓いていくというわけです（自分のスキルを高める研修などにお金を払って参加する人ほど、成功に至るためのリーダーシップ能力を開発できるという調査結果もあるそうです）。

私が主宰するリード・フォー・アクションという「参加者が協力して、本をその場で読む」読書会でも、全国各地で多様な業種のビジネスパーソンが集まっているのですが、こういった社外活動は日本でも増えています。これらの活動に積極的に飛び込んでいくことが、自分のキャリアビジョンを明確にし、キャリアを開発する一つの道でしょう。

今後は、個人のキャリア開発を支援する新しいサービスが、次々と生まれる可能性もあります。

たとえば、「派遣会社が、さまざまな仕事を体験できる場を用意する」というサービスがあったら、意外と利用する人は多いのではないかと思います。

先日、アメリカで『The One-Week Job Project』という面白い本が出版されていました。この著者は、テレビクルーやレポーターから、ピラティスのインストラクター、工事現場の労働者まで、なんと一年間、毎週五十二週にわたって仕事を変える体験をして、その内容を本にしたのです。

ここまでするのは難しいとしても、自分に合った仕事を見つけるために、いくつかの仕事を試してみたかったという人は多いと思います。

しかし、最近は、さまざまな仕事を体験する機会が少なくなっていると感じます。私が二十代の頃は、同じ会社にいても、将来の幹部候補生であるゼネラリストを育成するために、数年ごとに配置転換をするのが一般的でしたが、今は、専門性が求められるがゆえに、一八〇度異なる部署に行くような配置転換をする会社が減りました。

若いときに多様な仕事を経験しておくことは三十代、四十代以降の大きな財産になります。それは私自身が身をもって体験済みです。

私が大学卒業後に入ったのは会社ではなく外務省でしたが、四年間の短い公務員生活だったとはいえ、途上国の開発援助に関わったり、サミットの報道に携わったりと、さまざまな職種を経験できました。その後、アメリカのビジネススクールに行ったときには、インターン制度を使って、金融機関のバックオフィスで働いたり、コンサルティング会社に入ってからも、さまざまなコンサルティングプロジェクトに携わり、さらにリストラされたあとの三カ月は外資系人事コンサルタント会社の契約社員として働きました。

このような不安定な二十代で、当時はジョブホッパーといわれるのがコンプレックスだったのですが、転職活動中に、とあるアメリカ企業の面接官に、

「二十代でそれだけの経験ができるとは、君はきわめてラッキーだ。世の中が非常に不安定なこの時代には、多様な体験を通じて自分自身のキャリアについて考えるのはとても大事なんだよ」

と言われ、明るい気持ちになったことを覚えています。実際、二十代の体験によって、ゼネラリスト的な経験を積むことができ、独立後の経営コンサルティングの仕事にも大いに役立ちました。

このような多様な経験の大切さが世の中に浸透してくれれば、「初めの何年かは派遣で働く」といった選択肢を戦略的に選ぶ人が増える可能性もあります。派遣会社が意図的に多

様な職場に派遣してくれるプログラムを用意してくれても不思議ではないでしょう。

一方で、会社がキャリアビジョンを描かなくなった時代に、なんのビジョンも持たなかった人に対して、キャリアビジョンを描き始めた会社もあります。UTグループはまさにそのうちの一社です。UTでは、成長意欲がまったくなかった人が、飛躍的な成長を遂げ、執行役員になったという話がありましたが、このような人材が生まれてくるのは、UTが、働く人が自らキャリアを描くことを意識でき、キャリアを主体的に開発できるような仕組みを用意しているからです。

それはいかなる仕組みなのか、第4章で若山社長に語っていただきます。

第4章

才能が自然に磨かれていく「場」を創る

――若山陽一

●時給九〇〇円の派遣社員が、執行役員になる職場の秘訣

「いかにして、高い付加価値を上げる人材を育てていくか」

これは、どの会社にも共通する悩みでしょう。創業当時から派遣社員を正社員として雇用してきた弊社にとっても、人材の育成は、長年の課題でした。

自分で主体的にキャリアプランを立てて、自分の限界を超える仕事に果敢にチャレンジして、自らキャリアを形成していく……という社員がいるのが理想ですが、そんな人材は、どの会社でも、一〇人に一人もいないはずです。

そして、一般的な会社もそうですが、弊社で派遣社員として働くことを選んだ方々の「人生における優先順位」はばらばらです。仕事で自己実現したい人もいれば、仕事以外に生きがいを見出している人もいる。大きな目標を叶えるための一つのステップとして働いている人もいれば、仕事は生活費を稼ぐ手段と考える人、介護や地域貢献をするかたわら働いている人もいるというふうに……。そして、やりたいことは人それぞれですが、強い上昇志向を持って貪欲に仕事に取り組むというよりは、生活を楽しむことに人生の重点を置いている人が多いことは確かです。

もっとも、弊社の派遣社員のなかには、磨けば光る原石がいることは確信していました。たとえエリートのレールから外れた人でも、能力の高い人はいるし、きっかけさえあれば、大化けすると常々考えていたからです。

では、どうすれば、入社時期もばらばら、応募動機もばらばら、年齢もバックボーンもばらばら、つまりは、多様な価値観を持った人たちに成長への情熱の火を灯《とも》すことができるのか、自らのキャリアを主体的に開発しようとするようになるのか。才能が自然に磨かれていく場をつくるには……。

そんな思いを胸に、創業してから二十年間、僕は、常に考え続け、さまざまなキャリア支援の仕組みを整備してきました。

その結果、第2章でもお話ししたように、

「高校を中退し、スノーボードがやりたくて弊社に正社員として入った時給九〇〇円の派遣社員が、自発的に仕事に取り組むようになり、三十五歳で執行役員に出世した」

という事例が現れ始めたのです。その間、試行錯誤の繰り返しでしたが、このような人材が生まれたことで、僕たちが考えるスタッフ育成の方向性は間違っていなかった、と確信を持てるようになりました。

では、UTグループの人材育成の仕組みとはどのようなものなのか、包み隠さずご紹介したいと思います。

●「頑張っても報われないという思い込み」を超える

社員の心に火をつけるために、まず大切なのは、

「ここで働いていれば、チャンスがいつでもそこにある」

という道筋を示すことです。

派遣社員として働いている人は、十代の頃に遊んで過ごしてしまったり、大学受験や就職活動に失敗したりしたことで、レールから外れてしまったと考え、「どうせ自分は頑張っても報われない」と思い込んでいることが少なくありません。

しかし、学歴がなくても、職歴が乏《とぼ》しくても、頑張った人は頑張ったぶんだけ評価される。そうした仕組みを用意して、それがお題目だけでなく、実際に、チャンスがいつでも

目の前、職場にあれば、自分の人生を半ばあきらめていた人でも、やる気を取り戻します。

そうした「チャンス」の象徴ともいえる制度が、第2章でも述べた「エントリー制度」です。繰り返しになりますが、二〇一二年に始まったこの制度は、年齢や経験にかかわらず、派遣されるチームのリーダーや、執行役員に立候補できる制度です。

極端な話、入社してから最短二年で執行役員まで昇進できる可能性があります。執行役員になれば、利益配分の制度があり、全社と個人の成長が一体になります。また、役員でなくても、「業績報奨金」を用意し、利益貢献した社員に対して適正な賞与が還元できる制度を構築しています。

さらに二〇一六年四月からは、委任制の執行役員を導入しました。取締役会で経営全体の基本方針を固めたら、実行に関しては完全に執行役員に委任します。

若くして執行役員になれて、ダイナミックな仕事を任されて、数千万円の報酬も手に入る。そんな未来が開けているとわかれば、社員はやる気をかきたてられるでしょう。

もっとも、入社してまもない人たちに「執行役員になれる！」と言っても、「目標が遠すぎて、現実味がない」と捉えられてしまう可能性もあります。また、仕事のモチベーションが高い人でないと、「興味はあるけど、立候補すると面倒なことになりそうだから、やめておこう」となるのが普通です。

そこで、もう少し身近な目標を見つけられるような仕組みも用意しています。それが「ジョブ・グレード制度」です。

この制度では、顧客ごとに、二五段階に分かれた職務等級を設定し、職務のレベルに応じて必要なスキル基準を明示しています。これに基づいて、個々の社員を公正に評価し、昇給や昇進などに反映します。

いわゆる「職能給制度」です。一般的な会社ではよくある制度ですが、人材派遣・請負会社でこの制度を導入している会社は少数派です。しかも、弊社は先駆けといえるほど、早い段階で導入しています。

ジョブ・グレード制度を導入したのは、創業三年目を迎えた一九九九年のことです。大手電機メーカーから、

「派遣で働く人々の定着率が低いので、生産効率が上がらない。なんとかしてほしい」

という相談を受けたのをきっかけに、「派遣する社員に技能教育を施し、技能アップに応じて昇給する」という仕組みを提案したのです。「スキルを磨けば、誰でも昇給を勝ち取れる」ということで、弊社の社員のモチベーションは上がり、社員の定着率も生産効率も向上しました。

こうしてジョブ・グレードが上がってくると、仕事に対する欲がそれほどなかった社員も、「もっと上を目指したい」という気持ちが芽生えてきます。そしてやがては、エントリー制度を利用しようと考えるようになるわけです。

最近では、弊社だけでなく、就業先からも弊社の社員を評価してもらう仕組みも加えています。それによって、評価の公平性や確実性はさらに高まりました。そうすることで、派遣社員は、給料が上がるだけでなく「派遣先にも認められた」と自信がつきます。

一方、顧客も「実力が高い派遣社員を安定供給してもらいたい」と考えているため、このような評価制度の導入をおすすめすると、多くの顧客が前向きに受け入れてくださいます。結果として派遣単価を上げることにもご納得いただけるのです。

●当事者意識をもたらす「社員持株会」

派遣会社としては異例の「社員持株会」も、社員のやる気をかきたてています。持株会を利用すると、社員は一口一〇〇〇円単位で、UTグループの株を購入することができます。そのうち、購入額の一〇％は会社から補助されます。普通に株を買うより、安く買えるわけです。

業績がよくなり、株価が上がっていけば、手持ちの資産がどんどん増えていきます。自分の仕事ぶりと株価が直結するわけではないにしても、自分の仕事と会社のつながりを感じてもらえると考えています。

さらに、弊社では、「持株会型ESOP（Employee Stock Ownership Plan）」という制度も用意しました。これは、社員持株会に加入し、自社株を保有している社員が、年一回の通常の配当金だけでなく、信託終了時に信託財産が残る場合、分配金を受け取ることができる制度です。直接、持株会が市場から株を買うのではなく、信託会社を間に挟むことで、分配金の追加が実現できるという仕組みで、社員にとっては、自社株を保有することのメリットが増えます。

また、長年頑張った社員への「報酬」として、勤続年数に応じた株式を支給する自社株給付制度「UT - ESOP」も導入しました。

このようにして、社員の多くが自社株を持つことを目指しています。

そもそも、二〇〇三年に、社員持株会を始めたのは、社員と成果を分かちあいたいと考えたからです。

以前から僕は、「資本市場の仕組みは、派遣会社にはなじまない」と考えていました。資本市場の仕組みとは、資本家がリスクをとって設備などに投資し、価値を生み出し、そうして出た利益を資本家・株主に還元するというものです。

しかし、派遣会社は、資本家が大きなリスクをとったから価値が生まれるというわけではなく、集まってきたスタッフが企業に派遣され、毎日仕事をする日常の積み重ねによって価値が生まれます。

僕がこの会社をつくったときに出した資本金は三〇〇万円。今の会社全体の資産を形成するにあたり、その三〇〇万円がどれだけ資することになっているのかというと、微々たるものにすぎません。ですから、そこから生まれた利益が、僕などの一部の資本家だけに還元されるのはおかしな話であり、価値を生み出した社員と分配するのが正しいあり方だと思うのです。

実は、人材派遣業界のほとんどが同族企業ですから、そもそも社員のやる気が出るはずがありません。

第2章で「社員へ一〇〇万円ずつ寄付をしようとして億単位の借金を背負った」という話をしましたが、これも、「僕は、とったリスクよりもはるかに大きな見返りを得ているから、少し還元しなければ」という思いがあったからこその行動だったのです（結果的には、会社や正社員の方々に迷惑をかけてしまうことになりましたが……）。


アメリカの掃除会社であるサービスマスター社を視察して、感銘を受けたことも、社員持株会を始めるきっかけになりました。同社は「清掃員がピカピカに掃除をしてくれる」と評判で、業績を大きく伸ばしているのですが、なぜ清掃員がピカピカに掃除をするかというと、清掃員が全員、同社の株主だったからです。自分が働き続けた先、未来に何を見るかで、働き方は異なってくる。経営に参加することで、当事者意識が芽生え、目の前の仕事に対する姿勢が変わってくるのです。

このように、「仕事に対して当事者意識を持ってもらう」こともまた、社員に自社株を持ってもらう目的の一つでもあります。

●高度な技術を短時間で習得する教育プラットフォーム

チャンスの道筋を示したら、今度はそれを実現するためのサポートが必要です。弊社では、基本的な技術を短期間で身につけられるよう、ＯＦＦ‐ＪＴとＯＪＴの両方を組み合わせた教育のプラットフォームを用意しています。

まず、ＯＦＦ‐ＪＴに関しては、「ウェブベーストレーニング」を自社で開発しました。これは、パソコンとネット環境があれば自宅でもスキルを身につけることができる教材です。「半導体の基礎」や「電気入門」「真空技術入門」などの共通技術入門編や「半導体製造パッケージ技術」などの実務シミュレータ編、「ミスオペ改善・管理」や「技術管理者」といった管理実務編など、大きく分けて一二種類あります。基本的な仕事のマナーから高度な専門知識までが網羅されていて、入社一日目の新人からベテランまで、レベルに応じて体系立てた学習ができます。

実務シミュレータに関しては、受け身の学習ではなく、自分で手を動かして、実際の操作を疑似体験できます。たとえば、半導体の製造工程には、回路パターンを転写するリソグラフや、薄膜を配線等の形状に加工するエッチングなど、大きく分けて六つの工程があります。単に工程を映像で追うだけでなく、

「この機械には二つスイッチがある。右のスイッチを押すとどうなるか」

「左のスイッチを押したときはどうなるか」

というように、実際の操作を疑似体験することができます。自分が担当する工程を何度も繰り返してやってみることで、基本的な技術をスムーズに習得できるという仕組みです。

このシミュレータは、長期間、半導体メーカーに身を置き、新人教育を担当していた社員や、技術に精通した社員十数人を集めた技術サポートチームが、一年がかりで開発したものです。

何度も話題にあげている「時給九〇〇〇円の派遣社員から執行役員になった」のは小野という者ですが、彼もこのウェブベーストレーニングによって、基本的なスキルを磨きま

した。

また、それぞれの工程でどのような作業を行なうかを学ぶには、通常、二カ月はかかりますが、ウェブベーストレーニングなら、一週間あれば作業を一通り確認できますから、作業の全体像を素早く把握することが可能となっているのです。全体像を把握すると、個々の工程の重要性がわかり、後工程への配慮もできるようになるものです。

ウェブベーストレーニングで学べることは汎用的な知識だけであり、個々のメーカー特有のスキルはＯＪＴで身につける必要がありますが、汎用的な知識があるのとないのとでは、スキルが身につくスピードがまったく違います。また、ＯＪＴで教える人の手間も大幅に省けます。

ＯＪＴに関しては、定期的にジョブローテーションを行なっています。派遣会社の立場から短期的に見れば、一つの工程のスペシャリストになってもらったほうが、教育の手間がかからなくてすむのですが、長い目で見れば、複数の業務のスキルを身につけたほうが、付加価値の高い仕事ができるようになりますし、マネジメントもできるようになります。それは本人にとっても、会社にとってもメリットとなります。だからこそ、あえてジョブローテーションを行なっているのです。

また、派遣先も同じ会社だけでなく、複数のメーカーを経験できるようにしています。さまざまな会社の社風や製造工程を体験することで、どの会社に行ってもやっていける適応能力が身につくからです。もちろん、解決策の引き出しも増えるので、問題解決能力も高められると考えています。

●チーム派遣によって「チームで働く力」も磨く

社員が派遣される製造業の現場では、製造工程の仕事が細かく分かれていて、その一つひとつを派遣社員が受け持つことになります。一人で黙々と仕事をすることもできるのですが、それだと、チームで協力しながら働くという経験が積めません。まして、一つの工程に複数の派遣会社から派遣されていると、一日中、ほとんど会話しないこともあります。

そこで、弊社では、原則的に、「チーム派遣」の形で、クライアントと契約するようにしています。技術職のスタッフと、彼らを管理するマネージャーが一つのチームを組み、そのチームが一つの工程を丸ごと請け負う形で派遣をするのです。一チームの人数は工場にもよりますが、だいたい二〇～五〇人といったところです。

もちろん、これは、売上や利益を向上させるという目的もありますが、チームで派遣すれば、ほかのスタッフとコミュニケーションをとるようになり、

「工程と工程の間の連携をこのように変えたら、速くなるのでは？」

などと工夫することにつながります。結果、生産性も上がり、その工程の経験がある先輩が後輩に教える、といったことも自然と出てくるでしょう。こうして、チームで働くことへの意識が高まっていくわけです。

執行役員の小野も、チーム派遣先の新潟の工場で働いていたのですが、一人で工夫をして小さな成果を出すより、チームメンバーで工夫をしあって大きな成果を上げるほうが喜びが大きいことに気づき、チームで働くことへの興味が湧いてきたと言います。

ちなみに、地方の工場にチームで派遣されると、休日も一緒に過ごすようになり、ほかの会社から派遣されてきた人も巻き込んで、一緒に遊ぶようになるようです。小野も、ほかの会社のスタッフと連れ立って、趣味のスノボを楽しんでいたようです。こうして親睦を深めていれば、派遣社員同士のコミュニケーションが増え、ますます工場の生産性が高まるという好循環に入っていきます。ＵＴのチームはその核になるわけです。

●「FCグランプリ」で成功体験を積む

社員が主体的に仕事に取り組むようになるために、最も必要なものは、「成功体験」です。たとえ小さな成功体験だとしても、それだけで本人のやる気がガラリと変わることは珍しくありません。とくに自分に自信がなかった人には、小さな成功体験は宝といえます。

成功体験を積めるようにするためには、そうした場を用意することが大切です。

その一つが、毎年開催している「FC（Factory Center）グランプリ」です。派遣されたチーム同士が、それぞれの職場で工夫した改善成果を競いあいます。全国七ブロックで予選会を行ない、勝ち上がってきた六チームが東京での全国大会で競いあい、グランプリを決めます。

このイベントでの好成績を目指すことを通じて、チームで働く経験も積めますし、賞を獲得すれば大きな自信にもつながります。

製造業ならどこでも行なっていることかもしれませんが、派遣・請負会社で実施している会社は弊社くらいでしょう。

ちなみに、大手電機メーカーS社さんでも、こうした改善報告会のようなものが開催されていますが、実は過去三回連続で弊社の社員が優勝、あるいは準優勝しています。改善活動も派遣社員が行なう時代になったというわけですが、これだけ表彰されているのは、自画自賛で恐縮ですが、いかに弊社の社員がやる気を持って、工夫を重ねているかの表れでしょう。

このような晴れ舞台を用意する一方で、重要なのは、日常的に、派遣された社員に、自分でやり方を工夫できる自由を与えることだと考えています。

その意味でも、チーム派遣はメリットがあります。工程を丸ごと請け負うと、顧客から、ある程度仕事を任せてもらえますから、こちらも工夫がしやすくなるのです。

自分たちで工夫して生産性が上がると、やりがいを感じるものです。同僚や現場の管理者からほめられれば、誰だって嬉しくなります。すると、その喜びをまた味わいたいと考え、さらに工夫をするという好循環に入るわけです。

執行役員になった小野は、まさにその好例です。彼は、シフトリーダーのときに、メンバーと協力して仕事のやり方を変えたところ、生産性を飛躍的に向上させたそうです。その成功から、「小野はできる」という評価を得て、どんどん自信を深めていったといいます。

●全国五〇〇工場でマネジメント経験が積める

チーム派遣のもう一つの狙いは、社員にマネジメントの経験を積ませる場をつくることです。

繰り返しになりますが、今後は、「多様な人たちをマネジメントできる人材」か、「ネットワークの一員として選ばれるような、高い専門性を持っている人材」のいずれかでなければ生き残れない時代がやってくるでしょう。弊社のような派遣会社では、専門性に関してはウェブベーストレーニングや実際の仕事を通じて磨くことができますが、マネジメントに関しては、数人単位の派遣をしている限りは身につきません。

しかし、チーム派遣をすれば、実戦でマネジメント能力が磨けます。

チーム派遣をするときには、三人のリーダー職やマネージャー職が一緒に同行することになります。シフトリーダー、工程管理者、FCマネージャーの三人です。

シフトリーダーとは、一つの工程が四交代制だとしたら、そのうちの一つのチームに携わる数人を束ねるリーダーのこと。工程管理者は、四交代すべてのチームを管理するリーダーのことです。社員の面接やお客さまとの交渉など、派遣会社としての仕事もするようになります。そして、ＦＣマネージャーは、派遣されている工場（ＦＣ）の計数管理や現場管理、人材の採用など、すべてを統括するＦＣのトップ。小さな会社の社長のようなものです。

彼らはそれぞれ、派遣元の社員や、派遣チームのリーダー同士でコミュニケーションをとりながら、技術職のスタッフに仕事内容や注意事項などを伝え、仕事ぶりをチェックしながら、作業が遅れているスタッフをサポートしたり、作業工程の微調整などをします。一般的な企業のマネージャー職となんら変わりはありません。

弊社は全国五〇〇工場の派遣先がありますから、すべてにチーム派遣をすると考えると、単純に五〇〇×三＝一五〇〇ものマネジメント経験のオポチュニティ（機会）があるわけです。多様な現場に派遣されれば、それだけ、さまざまなケースのマネジメントを経験できるでしょう。

ＦＣマネージャーは、前述した「エントリー制度」によって選ばれるので、すべて希望者が就くことになります。そこまでに、シフトリーダーや工程管理者などをして、少しずつ経験を積んでいくわけですが、座学によるトレーニングも用意しています。

弊社では、入社一年目から、マネジメント知識を身につけ管理職を目指す「管理職コース」と、専門知識を身につけ現場で求められるプロフェッショナルを目指す「スペシャリストコース」、どちらのキャリアパスを歩むかを選べます。

たとえば、管理職コースを選んだ人には、マネジメント能力を身につけるためのさまざまな研修を用意しています。現場のチームリーダーに必要な、生産現場のマネジメントの基礎を学ぶ「リーダー総合研修」、職場の責任者としての実務遂行能力や指導力の向上をはかる「ＭＴＭ研修」などがその一例です。また、選抜方式ですが、一年かけて幹部候補の育成を目指す選抜型の「スーパーマネージャースクール」も用意しました。

こうした座学で覚えた知識を、現場で実践し、自分の血肉にしていくわけです。マネジメント能力は、現場でチャレンジして、失敗をしないと、なかなか身につきませんが、それに挑戦する機会がＵＴにはあります。

エントリー制度によって、ＦＣマネージャーに昇格してからが、本当の勝負です。若くして責任のある役職につき、多くて一〇〇〜二〇〇人ものスタッフを束ねるのは非常に大変ですが、結果を残せば、ものすごく大きな自信を得られます。小野は、弱冠三十歳で、ＦＣマネージャーとなり、懸命に働いていました。

工場のリーダーのポジションをめぐる争いは熾烈です。すでに工場長がいるポジションでも、新たな立候補者がいれば、誰が最もリーダーの職に適しているか、コンペが行なわれます。

結果を残していないリーダーは一年で交代になる可能性があるわけです。毎年、リーダーは全体の二〇％が入れ替わります。これは年功序列で昇進していく会社と比べると、厳しい環境といえるかもしれません。そのため、僕はＵＴのリーダーたちは、他の企業に負けない、いや、それ以上のマネジメント能力を備えていると自負しています。

これは執行役員も同じで、やはり二割が入れ替わります。そのため、地位に安穏としているような人は、すぐにその地位を失ってしまいます。こうした厳しい競争にさらされることもまた、その人の成長につながると考えています。

●マイルドヤンキーが、地域産業を活性化させる

「将来のことを考えたら、ＩＴのスキルを身につけたい」「これまでやってきた仕事が自分に合わない気がする」……。

仕事をしていれば、誰しもそうした思いを抱くことがあるでしょう。

そうした人のキャリアチェンジを支援する取り組みとして、二〇一四年から始めたのが、「Ｏｎｅ ＵＴプロジェクト」です。

これは、希望者に、新しい職種へ踏み出す第一歩となる基礎・知識・スキルのトレーニングをするプロジェクト。このトレーニングを受けることで、社員は、グループ会社への異動やジョブチェンジが可能になります。

職種は、「設計開発エンジニア」「建設エンジニア」「ＩＣＴエンジニア」の三つがあります。

たとえば、「設計開発エンジニア」は、「ネットワークエンジニア」と「機械設計エンジニア」「プログラムエンジニア」の三つのコースに分かれています。希望者は休日などを利用して、月二～三回スクールに通って、半年間で計五十時間のカリキュラムを受講し

ます。

まずは、業界標準のツールの操作やプログラミングなどの基礎的な技術を学び、キャリアアップに必要なスキルを習得するとともに、資格の取得を目指します。資格を取得したら、社内で試験をしたうえで、ソフトウェアやハードウェアの開発や設計を手がけるグループ会社（ＵＴテクノロジー）に配属され、エンジニアとしてプロジェクトに参加して、実戦での経験を積んでいくわけです。

「設計開発エンジニア」は今、とてつもなく需要が高まっていて、その人数は今後十年間で数十倍になると見込まれます。ただ、技術が陳腐化するスピードが速いので、ＩＴ企業が自社でエンジニアを育成するのは難しく、外部に委託する傾向はますます強まっていくでしょう。だからこそ、僕たちがエンジニアを育成しようと考えたわけです。派遣会社でここまでみっちりと教育をしている会社は、ほとんどありません。

一方、「建設エンジニア」は、三日間の集合トレーニングで、建設エンジニアに必要な基本知識や、施工管理の関連法規、専門用語など現場で必要な知識を学びます。修了後は、建設会社の請負を行なうグループ会社（ＵＴコンストラクション）に配属されます。最初は、施工管理技術者のアシスタントからスタートし、さまざまなことを経験しながら、施工管理技師の資格取得を目指します。

二〇一四年に始まったプロジェクトで、卒業生はまだ一三〇人と少ないのですが、受講したスタッフからは「未経験からITエンジニアのスキルを身につけられて、キャリアプランの選択肢が広がった」と喜びの声が聞かれますし、クライアントからも「派遣されてくる人材の質が高い」と好評を得ています。

この「One UTプロジェクト」は、ある層の人たちを活用するうえでも、非常に効果的だと考えています。それは、「マイルドヤンキー」と呼ばれる人たちです。

地元が大好きで、これまで一度も地元以外の場所に住んだことがない。家族や友人関係を維持したまま、居心地のよい地元にずっと住み続けたい。普段の行動範囲は近所のイオンやラウンドワンなど、半径六キロ以内で、そこからめったに出ようとしない。こういう地元志向の人のことを「マイルドヤンキー」というそうですが、実際、最近入社してくる二十代の派遣社員では、このような人が非常に増えています。

若いうちは、経済状況がそれほどよくないので、親の近くで暮らしたほうが経済的にも理にかなっているという理由もあるでしょうし、情報が簡単に手に入る時代ですから、都会に対するやみくもな憧れも少ないのでしょう。

こうした「マイルドヤンキー」タイプの人は、仕事も「地元志向」です。「仕事の内容はそれほどこだわらないので、とにかく地元で働きたい」という人がたくさんいます。ただ、とくに地方だと、仕事の数に限りがあり、その人が持っているスキルに合う仕事は見つからないということもよくあります。

しかし、そうした人たちに「Ｏｎｅ ＵＴプロジェクト」を利用してもらい、新たな技能を身につけてもらえば、地元で働き続けることができるというわけです。

このプロジェクトは、地域産業を活性化させる意味でも、非常に有意義なのではないかと考えています。

●挑戦と許容される失敗の連続が人を成長させる

ＵＴグループでは、以上のような仕組みを整えることで、社員のやる気に火をつけ、自ら主体的にキャリアを開発できる人材を育てています。

その一方で、社員には会社のミッションやビジョンにコミットし、会社の方向性とベクトルを合わせて行動することが求められます。

UTグループのミッションは、「はたらく力で、イキイキをつくる。」こと。すべての働く人にチャレンジする機会を与えることで、高い目標を掲げ、果敢に挑戦する人が増え、個々人の成長や喜びにつながっていきます。そのイキイキとした姿が、あらゆる顧客の期待に応え、日本の未来に貢献する力だと信じています。

このミッションにコミットできる人材でなければ、弊社で働く意味はありません。どんなに優秀な人材だったとしても、ほかの会社で働いていただいたほうがいいのではないかと考えています。

そして、そのミッションを達成するために必要な価値観として、次の四つが重要だと伝えています。

①Aspiration——新たなことへ挑み続ける志

個々が強い志を持って、現状に満足することなく、常に挑戦し続けること。

②Fairness——何事にも分け隔てなく公平である姿勢

誰にでも公平に機会を提供し、多様な人材が活躍できる環境をつくること。

③Impression――唯一無二の強い存在感

たゆまぬ努力と前例がないことに挑戦する行動力で、自らの存在価値を高めていくこと。

④Team Spirit――全体のために動くチーム精神

チームワーク、一体経営をより強固にし、さらなる成長の糧とすること。

なかでも重視しているのが、**「Aspiration」――新たなことへ挑み続ける志**です。

第2章でも少しお話ししましたが、一九九五年に起業してから二十数年、僕の人生は挑戦をしては失敗することの繰り返しでした。

たとえば、「社員がすぐに辞めてしまうことをなくそう！　定着率を高めよう！」と、どの派遣会社もしなかった正社員雇用という挑戦をしたところ、一社との契約が解除され、正社員の働く場所がなくなりそうになったというのは、その一例です。

当時は冷や汗をかきましたが、その経験があったからこそ、「たくさん顧客を増やしておかなければならない」ということがわかり、地道に営業して顧客を増やすことで、正社員を雇用してもやっていけるようになりました。失敗があったからこそ、成長できたのです。

そうしてリスクの高い挑戦をしていくと、だんだんとリスクを負うことに慣れてきて、大きなリスクのある挑戦ができるようになります。また、大きなリスクを背負いながらも、失敗する確率を減らせるようになります。「訓練」の積み重ねによって、大きなリスクテイクができるようになることを、僕は身をもって経験してきました。

一時は、個人で三七億円の借金を背負い、自己破産してもおかしくないほどの危機に陥りましたが、自分の人生にレバレッジをかけまくったことで、普通なら得られない経験をたくさんすることができました。失敗したことで、味方だと思っていた人が実は敵だったり、敵だと思っていた人が実は味方だったということにも気づけました。

このような経験から得た僕の結論は、

「人は、挑戦と失敗の連続でしか、成長できない」

ということです。

ですから、社員が挑戦したうえで失敗したなら、僕はできるだけ許容したいと考えています。

むしろ「失敗しない」人を見ると、僕は心配になります。もし、「これまでの人生で失敗していない」と言う人がいたら、今後、失敗が訪れたら大丈夫だろうか、潰れてしまわないだろうかと思うからです。


神田さんから聞いた言葉で、強く心に焼き付いた言葉があります。それは、

「お金がなくなったら、あなたに何が残るのか」

という言葉です。お金が一円もなくなったとしても、目に見えない経験や絆をたくさん持っている人間に、僕はなりたい。そのためにはリスクを負って挑戦していくしかない。

今、改めてそのようなことを感じています。

●なぜ「エベレスト」に挑むのか

「ミッション・ビジョンを達成するために、挑戦することが大切」といっても、僕自身が、何かに挑戦していなければ、社員に「挑戦しなさい」などと言う資格はありません。

僕は十代の頃、交通事故で生死をさまよって以来、「自分の人生を振り返ったときに、記憶に残る人生にしたい。思い出の数が多い人生を歩みたい」という価値観を持つようになり、それから常に何かに挑戦する人生を選択し続けています。

近年でいえば、エベレストへの登山。

最初のきっかけは二〇一一年に、幹部社員五〇人と一緒に、富士山に登ったことです。それまで僕は登山をしたことがありませんでした。正直なところ、登山のことを「おじいさんの散歩」くらいに考えていました。「日本一のものづくりの派遣会社になる」という目標を立てたときに、日本一といえば何かを考えた際、「富士山」が思い浮かんだので、「よしっ、登ってみるか」という軽いノリだったのです。

ところが、やってみるとものすごくキツかった。また、全員で登った達成感も格別で、職場や飲み会で一年くらいは富士山の話題が絶えませんでした。この体験によって登山に対する意識が高まったのです。

そんなときに出会ったのが、登山家の竹内洋岳《ひろたか》さんでした。きっかけは『Number』という雑誌で竹内さんの記事を読んで、感銘を受けたこと。八〇〇〇メートルクラスの山に登ると本当に酸素が薄くて吐き気がしたり、頭が痛かったり、空咳から血が出たり、足が凍傷ですれたり、とさまざまな苦難が襲ってくるそうですが、彼は、

「痛かろうが気持ち悪かろうが、そんなことは登らない理由にならない。目標を取り下げる要因には影響しない」

と言うのです。

どんな苦難があっても、自分がコミットしたビジョンを達成する。その強い意志に感銘を受け、彼に手紙を書いて、お会いさせていただきました。すると、ピッケルを僕に手渡しながら、

「ピッケル、アイゼン、ロープ、この三つを持てば、世界中の山はどこでも登れるんです」

とおっしゃいました。

「僕でもエベレスト登れますかね？」

と尋ねたら、

「登れますよ。一緒に登りましょう！」

と言ってくださったのです。

それで挑戦することにしたのです。

二〇一三年から、エベレストに挑戦するまでの具体的なスケジュールを立てて、約二年間で世界の山を八つ登りました。西ヨーロッパ最高峰のモンブランに始まり、アフリカ最高峰のキリマンジャロ、八一六三メートルのマナスル、南米最高峰のアコンカグアなどを登頂しました。その間、数カ月の不在期間をカバーしてくれた部下には、感謝することしきりです。

そして、二〇一五年に、ついに満を持してエベレストに挑戦したのです。

しかし、結論からいえば、登頂はできませんでした。

二カ月間にわたってベースキャンプで高地順応をし、いよいよ登山を始められるコンディションが整ってきたときに、あのネパール大地震に遭遇し、六四〇〇メートル地点に滞在しているときに中国政府から下山命令が下ったのです。

しかし、僕はあきらめていません。高地順応中の二カ月間、僕は来る日も来る日もエベレストの頂上を見て、頂上までたどり着く道筋をイメージしていました。実行しないと気がすまないくらい、エベレストの形は僕の脳裏に焼き付いています。いつの日か、必ず頂上に立ってみたいと思います。

弊社のホームページに、僕の挑戦の道のりをレポートにして載せているのですが、これは社員のチャレンジ精神をかきたてるためでもあります。

会社が小さかった頃は、僕が、社員の前で日々「挑戦心が大切だ」と伝えることができましたが、会社が大きくなった今はそれが難しい。多くの社員に伝えるためには、エベレストのようなインパクトの大きな発信をしていくことが大切だと考えています。

ただし、近年は、少し考え方が変わってきました。

十年くらい前は、社員に対して「成長」「挑戦」と言い続けていて、派遣で働いている社員のみんなもそれを望んでいると信じていたのですが、人事部の女性社員から「成長や挑戦なんて、そんなの望んでいる人は少ないと思いますよ」と言われたことがあります。

トンカチで頭を叩かれたぐらいの衝撃を受けました。自分の価値観だけで杓子定規に判断してはいけないと痛感した次第です。

それからは、僕が考える「挑戦」だけが人生に必要なものではないと思うようになりました。目に見える挑戦以外にも、その人それぞれに挑戦の形があるはずと考え、社内の仕組みや人材育成のプランを考えるようにしているのです。もちろん、「挑戦が大切」だという僕自身の価値観は、今も少しも変わってはいませんが。

●社長を降格させた意外な理由

先述した四つの価値観のほかに、社員に求めていることは、「スピード」です。めまぐるしく事業環境が変わる今の世の中では、スピーディに仕事をしなければ、時代に取り残されてしまいます。何事もできるだけ短い時間で行なうことを目指し、体制が不十分だとしても、とりあえず始めてしまうことが大切です。

もちろん、失敗も増えますが、それでかまいません。失敗を恐れて先送りにした結果、手遅れになるほうが、よほど問題だからです。


どのくらいのスピード感を求めているかがわかるエピソードを、一つあげましょう。

数年前のある朝、弊社の事業会社の社長に、

「今日ミーティングしたいんだけど、できる?」

と尋ねたことがあります。すると、

「午前九時から午前十一時まで会議があるので、そのあとでいいですか？」

という答えが返ってきました。それを聞き、僕は、独裁的だと思われるかもしれませんが、彼をいったん社長から外そうと決めました。

なぜでしょうか。

「会議を二時間行なう」と決めつけていたからです。

会議は意思決定をする場ですから、その意思が三十分で決まれば会議は三十分で終わるはずですし、一分で決まれば一分で終わってもいいはずです。そうやって早く終わらせれば、時間を有意義に使えます。

ところが、彼は、意思決定がなされるか否かを意識せずに、二時間みっちり会議をやろうとしている。そう僕は感じたのです。

「意思決定ができ次第すぐ終了」と考えて会議に臨むのと、「会議を二時間行なう」と考えて会議に臨むのとでは、心構えも変わってきます。前者の場合は、事前に自分の結論を考えておき、「こう思うんだけどどうか？」と最初から決めにいくことになりますが、後者の場合は「二時間必ず費やす」と決めてかかっているため、仕事のスピードがまったく違ってきます。

ちなみに、最近は「〇〇委員会」という組織をすべて廃止しました。言葉尻をとらえただけかもしれませんが、意思決定機関なのか、諮問会議なのか、位置づけがよくわからず、落とし所の見えない無駄な話しあいにつながるような気がしたからです。

●部下の伸ばし方――怒るのではなく、「怒っているんだぞ」と伝える

僕は、部下が果敢にチャレンジして失敗したときには叱りませんが、同じ失敗を繰り返したり、ケアレスミスを連発したりと仕事に対する姿勢に問題があったときには、真剣に叱ります。怒るときには、かなり本気で怒ります。

ただ、最近不思議に思うのは、僕が怒っているということをまったく読み取れない部下が増えてきたことです。日々接している人の顔が険《けわ》しくなったら「怒っている」とわかりそうなものですが、かなり極端に演じても伝わらないことがあります。とくに僕が複数の

部下と話しているときには、それが顕著です。

人の表情や仕草、話の間などで、言葉になっていない相手の感情を読み取る能力は、身につけておきたい重要なビジネススキルの一つです。

そこで、僕が部下と接するうえで心がけていることは、

「今、怒っているんだよ」

「すごくムカついているんだよ」

と自分の感情がどう動いたかをわざわざ言葉で説明することです。

なぜ、僕が怒っているという事実、怒っている理由が部下に伝わらないのでしょうか。

それは経験したことがない立場の人の考えは想像がつかないから。たとえば、明日までに調べてもらいたいと頼んでいたことを部下が忘れていたとき、社長の僕がどれだけ困るか、その胸の内を、部下が正確に理解することはできません。怒るまでに至った経緯をいくら説明しても、理解されないでしょう。

それならば、感情だけを説明したほうが、部下に理解してもらいやすい。怒るに至った経緯を説明したとしても、「結局、俺はすげぇムカついたんだよ」と言えば、「何かマズい

ことをした」ということは伝わります。それを伝えれば、「どうして社長は怒っていたのだろうか」と考えるきっかけにはなるでしょう。

多様な人たちを束ねるプロデューサーやマネージャーの必要性について、何度もお話ししていますが、それを目指すなら、自分の感情を説明する訓練をしておくことをおすすめします。日本人は「言わなくても察してくれる」という文化のもとで育っているので、自分の感情をはっきり説明することに慣れていませんが、それでは、自分と価値観の異なる人たちに理解してもらえません。相手が察するのを待つのではなく、ストレートに伝える意識を持つことが必要だと僕は考えています。

●一社しか経験していない人は、うまくいかない？

「UTグループなら、どのような人材でも育てることができる」と言いたいところですが、残念ながら、現実は甘くありません。やはり成長が望める人材とそうでない人材はいます。

冒頭で述べた執行役員の例もあるように、弊社では、学歴は一切問いません。僕自身も大学を中退していますし、社員を見ても、学歴で差がつくとは思えません。

では、何が違うのでしょうか。

僕は、中途採用試験では、次の三つの要素をシビアにチェックします。

①コミットメント――当社に来て、何をしてくれるのか。

②エビデンス――今までどんな仕事をしてきたのか。

③アップサイド――伸びしろ。前職で年収一〇〇〇万円なら、弊社で二〇〇〇万円プレーヤーになれるかどうか。

これらを判断するうえで、必ず聞くことは、「成功体験」です。

「これまで働いてきて一番成功したことは何か」を聞けば、課題に対してどんなアプローチをするのかがわかります。また、成功に至るプロセスにどんな悩みや喜びがあったのかを聞くと、その人の人となりや価値観が読み取れ、弊社にフィットするかどうか、今以上成長できるかどうかがつかめます。

逆に、失敗体験について聞くことも、人間性を知るうえで参考になります。

成功や失敗の体験はどんなことでもいいのですが、一つ外せないのは、自らがイニシアティブをとってやったことなのかどうか。主体的に動いた経験がない人は、今後も主体的に動けない可能性が高く、成長するのは難しいと考えられます。

また、コミットメントに関していえば、アップサイドだけでなく、ダウンサイドのリスクに対してコミットできるかどうかも重要です。

要するに、ピンチのときに逃げ出さないかどうか、ということです。

「君はピンチでも逃げ出さないか？」と聞いても真実はわかりませんが、その人と話していると、逃げ出す人かどうかは、なんとなくわかります。ポイントは「根明《ねあか》」であること。根明な人はピンチに陥ったときに「まあ、しようがないね」という感じで乗り切ってしまいますが、根暗《ねくら》な人は根暗な考えをするので、逃げ出してしまいがちです。

また、一つの会社に長く勤めたあと、二社目の職場として弊社に来た社員は、うまくフィットしない傾向があります。弊社で働くと、さまざまな職場で働くことになるのですが、コミュニケーションのルールが職場によって変わることや、プロジェクトによってメンバーが変わることに適応できないようなのです。

一言でいってしまえば、「変化に対応する力が弱い」ということでしょう。

今後は「一部のプロデューサーが、社内外のプロフェッショナルを束ねて仕事をしていく時代になる」と僕は考えていますが、多様なメンバーや異なる環境に投げ込まれたときに、素早くフィットできる能力があるかどうかは、生き残るうえで大きな鍵になるといってもよいでしょう。

●「水虫事件」に見る、社員や会社を成長させるポイント

社員や会社が成長するかどうかは、職場環境にも大きく左右されると考えています。ピシっと秩序だった環境のなかで働いていれば、細かいことにも気を配り、仕事の精度も上がる一方、いい加減な環境のなかで働けば、知らず知らずのうちに、仕事もいい加減になります。

職場環境を整えるには、小さなルールを徹底することが大切です。ルールが積み重なっ

ていくことで、会社のカラーや環境はできあがっていきます。

たとえば弊社では、明文化されていませんが、社内でスリッパやサンダルに履きかえて働くことを禁止しています。「スリッパに履きかえる会社は成長しない」といったことが書かれていた本がありましたが、僕も同感です。

「履いてはいけない」とはっきり言ったわけでもないのですが、社内で守られるようになったきっかけは、社員の間では有名な「水虫事件」です。

かなり前の話なのですが、サンダルを履いていた経理の社員に対して、僕が、

「スリッパはちょっとかっこ悪いから、ちゃんと靴を履いといてくれよ」

と注意したことがありました。そのとき、彼は注意されたのが嫌だったのでしょう。

「水虫がひどくて、靴が履けない」と言い訳をし始めたのです。それに対し、僕は、

「じゃあ、水虫を治してから出社してください」

と言って、家に帰しました。すると、その社員は辞めてしまったのです。

もったいないと思うかもしれませんが、僕は、それでよかったのではないか、と今振り返っても思います。サンダルやスリッパが悪いというより、会社のルールを上長が言ったら素直に受け入れるべきですし、一人の例外を許すことで、社内の風紀はどんどん乱れて

いくと思うからです。

●なぜ意思決定プロセスまで、情報をオープンにするのか

会社も社員も成長するために、もう一つ大切だと考えていることは、「会社に関する情報を、できるだけオープンにすること」です。

執行役員になった小野は、平社員だった頃、直属のＦＣマネージャーから、自社の財務諸表を見せてもらい、今、会社がどんな状況にあるのかを教えてもらっていたそうです。この例に限らず、当社は社員に対して、可能な限りの情報を提供するようにしています。上場する前から、バランスシートや損益計算書などの会社の財務諸表を社員に公開し、細かく説明していました。

そして、「ここでは儲かっているけど、本社の経費でこれだけかかるから、残りはこれだけだよ」「だからボーナスはこうなるよ。これだけ儲かったから、これだけ払うよ」という話をしていました。意思決定だけでなく、なぜそうした結論に至ったのか、その意思

決定プロセスについても、細かく説明するようにしていたのです。

なぜ、経営陣の情報をオープンにするかといえば、理由は二つあります。

一つは、社員に経営者の目線を持ってもらうことです。会社の財務データが理解できると、売上や利益、経費について自然と意識するようになります。すると、「今の仕事で利益を増やすにはどうしたらいいか」といった経営者の視点が芽生えてきて、仕事につながってきます。

そして、もう一つは、隠し事をせずに、ありのままの姿を見せることで、社員から信用してもらうためです。社長をはじめとした経営陣がコソコソと何かをやっているようでは、どれだけキレイ事を言っても社員は信用してくれません。だから、会社のデータはできるだけ透明化しますし、僕も社員と話すときは、自分の言葉で正直な気持ちを伝えるようにしています。

おびただしい量の情報が流れ、何が本当で何がウソなのかがわかりにくくなった今、信じるに値する企業であり続けることは、案外、会社や社員の成長を左右する重要な要素だと考えています。

第5章

コネクティング・インテリジェンスの時代——神田昌典

●未来に選ばれる人が持つ、三つの勇気

「会社」がなくなる時代には、どのような人材が飛躍していくのか？

この問いの答えを、これまで若山社長と語りながら、探求してきました。振り返ってみますと、次の三つの勇気を持つことが大切だという結論に、私たちはたどり着いたようです。

- ●激変する技術環境に対応し、未知なる分野に踏み出す勇気。
- ●暗闇のなかでも、輝かしい未来ビジョンを描き、一人からでも声をあげる勇気。
- ●自分と共振するビジョンを持つ組織を見分け、その組織とともに成長していく勇気。

この三つの勇気を持つ人が、未来から選ばれ、活躍していきます。

一文で表現すると、

「暗闇に飛び込み、自分で光を見出し、声をあげ、仲間を見つけ、新しい世界を創る勇気」

ということになります。

技術の飛躍的進化により人類の未来が塗り替えられるほどのタイミングで生まれた私たちは、自分を一度破壊し、再構築するほどの変化を乗り越える必要があります。そのときに必要なのは、今のあなたの学歴がどうだとか、今のあなたの肩書きがどうだとか、今までの実績がどうだとか、ということじゃなくて、「やってやるぞ」というシンプルな勇気を持ち続けることなのです。

「勇気を持て」といわれて、あなたは、少しやる気が出てきたかもしれません。

しかし、この本を読み終えて、十分後には、会社から連絡が入り、やりきれない現実と矛盾に直面して、また落ち込んでしまうかもしれません。

そこで、第5章では、私からの最後のメッセージとして、どうしたら、常に、三つの勇気が湧いてきて、未来から選ばれるのかを、お教えいたしましょう。

その鍵となる力が、第1章でも触れた「コネクティング・インテリジェンス（ＣＩ）」です。

●コネクティング・インテリジェンスとは、何か？

勇気をくじかれたときでも、再び立ち上がる力の源泉になるのが、「コネクティング・インテリジェンス（ＣＩ）」です。それを一言で説明すると、「内面と外面のズレをなくし、常に、それらを一致（コネクト）させていく知性」ということになります。

もともと知行合一《ちこうごういつ》といわれていたように、知ること（内）＝行なうこと（外）という態度は、古来より当然に尊重されてきたことですが、日常のすべてが情報化され、内と外を隔てていた壁が透明になっていく、これからの時代には、ズレをなくす能力を持つ人や組織は、驚くほどの影響力を放てるようになります。

ＣＩを持つと、個人は、内へ思考を掘り下げ、自らの本質を発見し、その本質を外へ表現・行動していくことで、揺るぎない軸を持てることになります。それが、先の見えない状況でもあきらめず、困難に打ち勝つ力の源泉となるのです。

一方、ＣＩは、組織にも必要な要素といえます。内での思考と、外での行動が一致するように、ネジを締めなおしていきますと、収益性を社会性に直結できることになり、組織のブランド力が強くなります。

といわれても、「スッと理解できないんだけど……」という人は多いかと思います。以下で詳しく説明しましょう。

●内と外のズレをなくす「マーケティング・ピラミッド」とは？

内面と外面のズレをなくすことの重要性は、組織の例を見ると、理解しやすくなります。個人の話をする前に、少し、組織の話をさせてください。

ＣＩを持つ組織は、内での思考と、外での行動が一致するように、ネジを締めなおしていくことができます。すると、収益性と社会性を直結できる。これは、簡単にいえば、お金を稼ぎながら社会貢献することも両立できるということです。そうなれば、組織のブランド力は当然強くなりますよね。

では、「内での思考と外での行動が一致する」とは何かといえば、要は組織が掲げているビジョンや社是のとおりに、行動できているか、ということです。

もっとも、ネット社会において、会社の振る舞いが完全に透明になっている今、内と外のズレをなくすのは非常に難しい作業です。しかし、本当にズレをなくすことができれば、その組織は、ものすごい訴求力を手に入れることができます。


それでは、いったいどうすれば、ズレをなくせるのでしょうか？

組織のズレを、マーケティングの観点からなくすために、私が開発したのが、「マーケティング・ピラミッド」です。

これには、次の三つのポイントがあります。

①ビジネスモデル（自社視点）
②顧客へのメッセージ（顧客視点）
③地域社会に対するリーダーシップ（地球視点）

ポイントは、この三つに一貫性があるかどうか。

■事業のズレを修正する「マーケティング・ピラミッド」

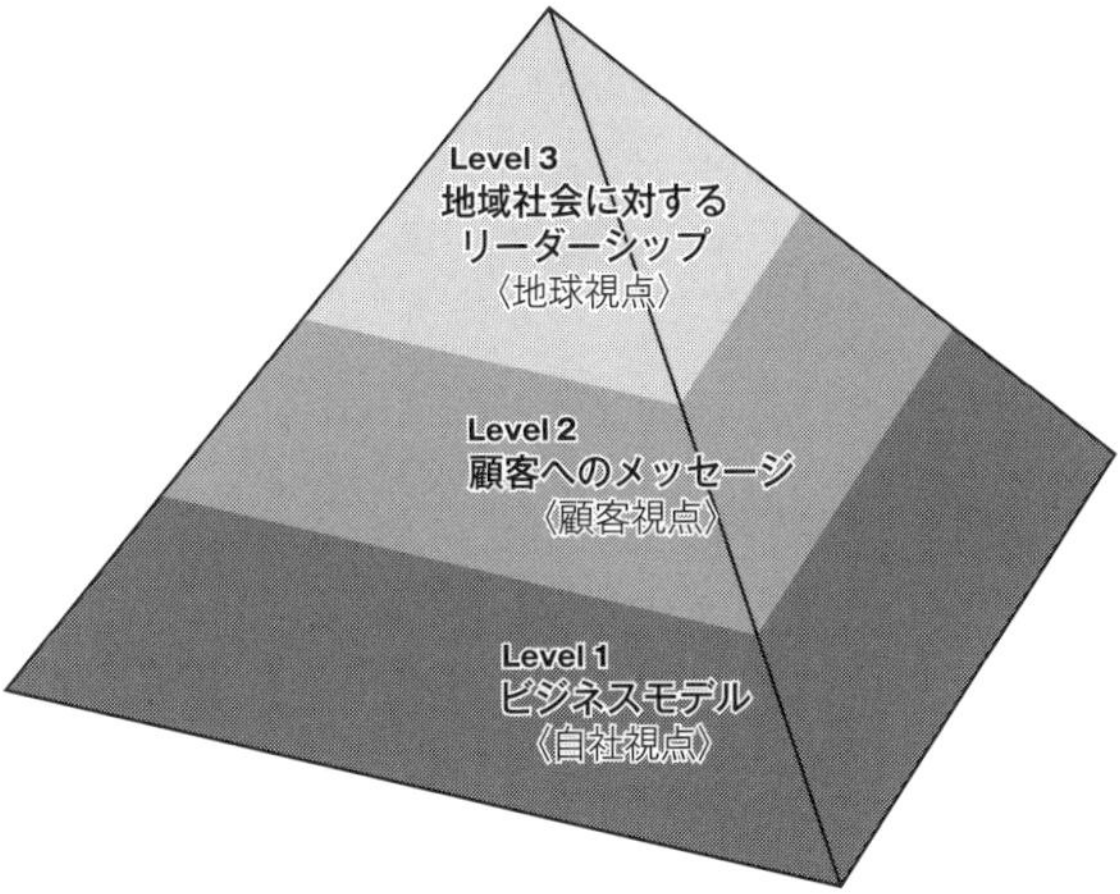

たとえば、顧客へのメッセージが「みなさまの健康な食生活に貢献します」といっているのに、ビジネスモデルでは、「大量の汚染水やごみを排出して、地域の環境を汚染しながら商品をつくっている」としたら、まったく噛みあっていません。また、地域社会に対しては「地域経済に貢献したい」といっておきながら、ビジネスモデルでは「地域の労働力を安くこき使っている」「地元企業から商品を仕入れない」といったことをしていたら、これも噛みあっていません。

これでは、わかりやすいブランドとして世の中に伝わっていかないし、顧客から信頼されることもありません。

しかし、三つに一貫性があれば、「内と外、理念と行動が一致していて、矛盾やウソのない会社」として、顧客や地域に対して、強い訴求力を持つようになります。

このマーケティング・ピラミッドについては、これを説明するには別の一冊の本が必要になってしまいますので、ここでは簡単な紹介のみにならざるを得ませんが、ご興味を持たれた方は、要約レポートを無料でダウンロードできるようにしておりますので、ぜひ一読ください（https://www.kandamasanori.com/CAN/paso/）。

「ビジネスモデル」「顧客へのメッセージ」「地域社会に対するリーダーシップ」は、フィリップ・コトラー先生の「マーケティング３・０」と同じだと考えていただくとわかりやすいかもしれません。

マーケティング１・０は、自社の利益を最大化し、自社の成長を目指すという「自社視点」であるのに対し、マーケティング２・０は顧客満足を最大化することを目指す「顧客視点」、そしてマーケティング３・０は、地域や社会が満足する「地球視点」によるマーケティングを意味しています。

今や企業は、このすべての視点からマーケティングを行なわなければ、顧客からの支持を得られません。ビジネスは戦争、競合を排除すればそれでＯＫという時代はとうの昔に過ぎ去っており、顧客を満足させることが大切ですが、さらに地域も満足させないと、応援してもらえないというわけです。

「ビジネスモデル」「顧客へのメッセージ」「地域社会に対するリーダーシップ」の三つに一貫性があり、収益性と社会性を直結させることに成功している会社の代表は、アップルです。現段階で見れば、「テクノロジーを介して何百万人もの人の生活を変える」というスティーブ・ジョブズのビジョン（顧客へのメッセージ）と、商品のディテール（ビジネスモデル）が完全に一致しています。

商品の中身だけでなく、社会貢献の面でも、矛盾やズレがありません。アップルは、ＣＳＲに関して、「私たちは地球の温暖化を軽減したいわけではありません。断固阻止したいんです」ということをいっているのですが、その姿勢は、無駄を排した商品設計のありや、商品のシンプルな梱包の仕方などからも、垣間見ることができます。

アップルは iPhone などの製造を鴻海精密工業などの外部に頼っていますが、おそらく、そうした企業に対しても、自分たちの「顧客へのメッセージ」を反映させる仕組みをつくっているのではないかと思われます。こうして、矛盾をなくしているからこそ、収益性と社会性を直結させることができ、世界の時価総額トップの会社になれたのでしょう。

また、アメリカの衣料品メーカーであるパタゴニアも、内と外の一貫性を持つことで、収益性と社会性を直結させた会社です。

「Don't Buy This Jacket(このジャケットを買わないで)」

これは、新聞広告で、自社のジャケット写真とともに載せたキャッチコピーです。


なぜ自社の商品を買うなというのか?


その背景には、「ビジネスを手段とし、環境危機に警鐘を鳴らし、解決に向けて実行する」という彼らの企業ミッションがありました。彼らはビジネスをしていますから、当然、自社商品を販売したいと考えているわけですが、だからといって、修繕すればまだ十分に着られる服をすぐに捨ててしまうのは許せない、と考えていました。だから、広告でこのようなメッセージを訴えたのです。

この広告によって、目先の利益は失われますが、そのかわりに、パタゴニアは、そのミッションに共感する人たちから熱烈な支持を獲得しました。

このように一貫性がある組織は、お客さまに応援されるだけでなく、社員からも応援されるようになります。だから、自分たちのビジョンに対し、効率よく効果的に取り組めます。その結果、強いブランド力を有し、収益性と社会性の両立を実現できるわけです。

●バナー広告の真実――デザイン一致で、成約率が三九・一％アップ

「ビジネスモデル」「顧客へのメッセージ」「地域社会に対するリーダーシップ」のズレをなくし、一貫性を持たせることで、強いブランド力を持てることは、おわかりいただけたと思いますが、もっと小さなズレをなくすことでも、組織の業績は大きく変わってきます。

たとえば、サイトに貼られたバナー広告の例。これをクリックすると、ランディングページに飛びますが、あることを変えることで、ランディングページから商品の購入に至るかどうか、その成約率が三九・一％もアップするという事例があります。

その「あること」とは、「バナー広告とランディングページのデザインや言葉遣いの

トーンを同じにすること」です。見方を変えれば、トーンが同じなら順調に売れるのに対し、異なると、売れ行きが目に見えて落ちるともいえます。

みなさんも、バナー広告をクリックして、まったく違ったイメージのランディングページが出てきたとき、違和感を覚えた経験はありませんか。たとえば、バナー広告は洗練されているけれども、ランディングページは暗い雰囲気だったら、「なんだか変だな？」と思うはずです。また、怪しくなくても、「自分がイメージしていた商品ではなさそうだな」と感じ、ページを閉じたことがあるでしょう。

なぜこのような違いに敏感になっているかといえば、その理由は、インターネットの登場により、情報量が大きく増加したからです。

振り返ってみると、情報量が少なかった時代は、チラシなどで店を見つけていましたが、そのチラシのデザインと店舗のデザインのテイストが一致していなくても、普通に、その店で買い物や食事をしていました。また、店員の接客が、チラシに使われているような温かい言葉遣いではなかったとしても、「まあ、しかたないか」ですませていたのではないかと思います。要は、それほど細かいことに敏感ではありませんでした。

ところが今は、ネットで検索すれば大量の情報が手に入るようになったがゆえに、多くの人が、できるだけ多くの情報から、店や商品、サービスを判断しようとする習性を身につけています。

だから、最初に見たチラシのデザインと店舗のデザイン、あるいはバナー広告とランディングページのデザイン、キャッチコピー、商品の説明文、さらには、商品が送られてきたときのダンボールのデザイン、店での接客や電話受付……などなどのテイストが、すべて一致していないと、お客さまは企業の矛盾点や一貫性のなさを敏感に嗅ぎ取るのです。

すると、お客さまは、その店や会社に対して、「いったいどっちが本当だろう？」「何かウソをついているんじゃないか？」と不信感を抱きます。

「ちょっと違和感があるな」くらいならまだいいのですが、「ネットで見たよりも商品が安っぽい」「チラシで見たらほっこり系だったのに、接客が荒い」などと不愉快な思いをさせると、ＳＮＳにネガティブな体験談が披露されることになり、悪い噂がすぐに広まるわけです。

しかし、一貫性があれば、お客さまは、その店や会社に対して安心感を持ちます。また、その特徴もはっきりするので、記憶に残りやすくなります。だから、その場では買わなかったとしても、いざ必要になったときに、「あの店で買おうかな」となるのです。

今や、商品デザインやホームページ、広告などあらゆるものに一貫性を持たせることが、会社の業績を大きく左右する時代になったといえるでしょう。

●顔写真で、売上が三倍になる時代――ワンワード・エクイティ

会社やサービスなどに一貫性を持たせるのは簡単ではありませんが、やりやすくする方法はあります。それは「ワンワード・エクイティ」を意識することです。

これは、『モチベーション3・0』などの全米ベストセラーを著したダニエル・ピンクさんが、二〇一三年に私と共同で行なった講演会で話していた言葉。正確には、「これからは、ワンワード・エクイティの時代だ」と述べていました。

これはいったいどういうことかというと、

「あなたの資産（才能）を、表現する一言はないか」

ということです。

これだけ世の中の情報量が多くなると、人は情報をパッと見て判断するようになります。パッと見て、よくわからなそうな情報だと、スルーされてしまいます。だからこそ、

あなたの会社の特徴を、象徴するワンワードで表現することが必要だというわけです。
たとえば、「検索」といえば「グーグル」、「イノベーション」といえば「アップル」、「コーヒー」といったら「スターバックス」を思い浮かべる人は多いのではないでしょうか。

これは人にも使えます。たとえば、オバマ大統領であれば「ホープ」となります。マイケル・ジャクソンであれば「スリラー」といった具合でしょうか。

私も自分にあてはめて考えてみたところ、「アクション」という言葉に行き着きました。そのように一語に決めてからは、それを浸透させるために、たとえば、オフィスをアクションセンターという名称にしたり、養成した受講生を「プロ・アクションファシリテーター」と呼んだりと、できるだけ多くの場所で「アクション」、もしくは日本語で「実践」という言葉を使うようにしています。

一つに絞るのが必要なのは、イメージも同様です。アル・ライズさんというマーケティング戦略家が、「ビジュアルハンマー」という言葉で表現していますが、ビジュアルイメージを一つに絞り、繰り返し伝えていれば、脳をハンマーで打ちつけられて深々と釘が刺さるくらい、忘れられないようなイメージを植えつけられます。

一番有名なのは、コカ・コーラ。かつてコカ・コーラはさまざまなイメージを打ち出していましたが、今は、缶のコーラでも、クラシックボトルのイメージを使って、世界展開しています。クラシックボトルのイメージは誰でも頭に思い浮かべられるのではないでしょうか。

また、最近では、生命保険会社のアフラックが、ビジュアルハンマーの好例です。アフラックの世間での認知度は、あひるのマスコットキャラクターである「アフラックダック」がお目見えするまでは一二％台だったそうですが、アフラックダックを誕生させ、テレビコマーシャルやパンフレットなど、あらゆる媒体に登場させたところ、数年で、九〇％以上に跳ね上がったそうです。認知度だけでなく、利益も大幅に増加していきました。

それにならい、私も、「自分の会社のビジュアルハンマーとは何か」を考えたのですが、「会社が小さいから、『自分の顔』だな」という結論に行き着きました。そこで、最近は、ネットの広告などに、私の顔を積極的に出すようにしています（イメージを変えてはいけないので、髪型を変えられなくなってしまったのですが……)。その効果が現れているようで、顔を出すようになってから、広告効果が約三倍に伸びています。

一つのわかりやすい言葉やイメージにまとめることは、個人に関しても有効です。あなたのキャリアや特徴をワンワードでまとめてみてください。すると、あなたのキャリアや強みがはっきりとしてくるはずです。

●勇気が湧いてくる「三つのコネクト」

ここまでで、ズレをなくし、一貫性を持つこと、すなわちコネクティング・インテリジェンスによって、どれほどの力が得られるのか、そのパワーの強さを実感されたのではないかと思います。

個人の場合、ズレをなくせば、未来に選ばれる勇気を得ることができます。おさらいすると、

●激変する技術環境に対応し、未知なる分野に踏み出す勇気。
●暗闇のなかでも、輝かしい未来ビジョンを描き、一人からでも声をあげる勇気。
●自分と共振するビジョンを持つ組織を見分け、その組織とともに成長していく勇気。

の三つですね。一文でいえば、「暗闇に飛び込み、自分で光を見出し、声をあげ、仲間を見つけ、新しい世界を創る勇気」となります。これらを得るためには、どのようなズレをなくすことが必要なのでしょうか。

そのためのコネクティング・インテリジェンスといえるのが、これからご紹介する「三つのコネクト」です。

これは、フォトリーディングを開発したポール・シーリィ博士が、個人が矛盾やズレを起こしやすいポイントをまとめたものです。ポイントは次の三つです。

①思考と感情
②個人と社会
③意図と行動（振る舞い）

■3つのコネクト

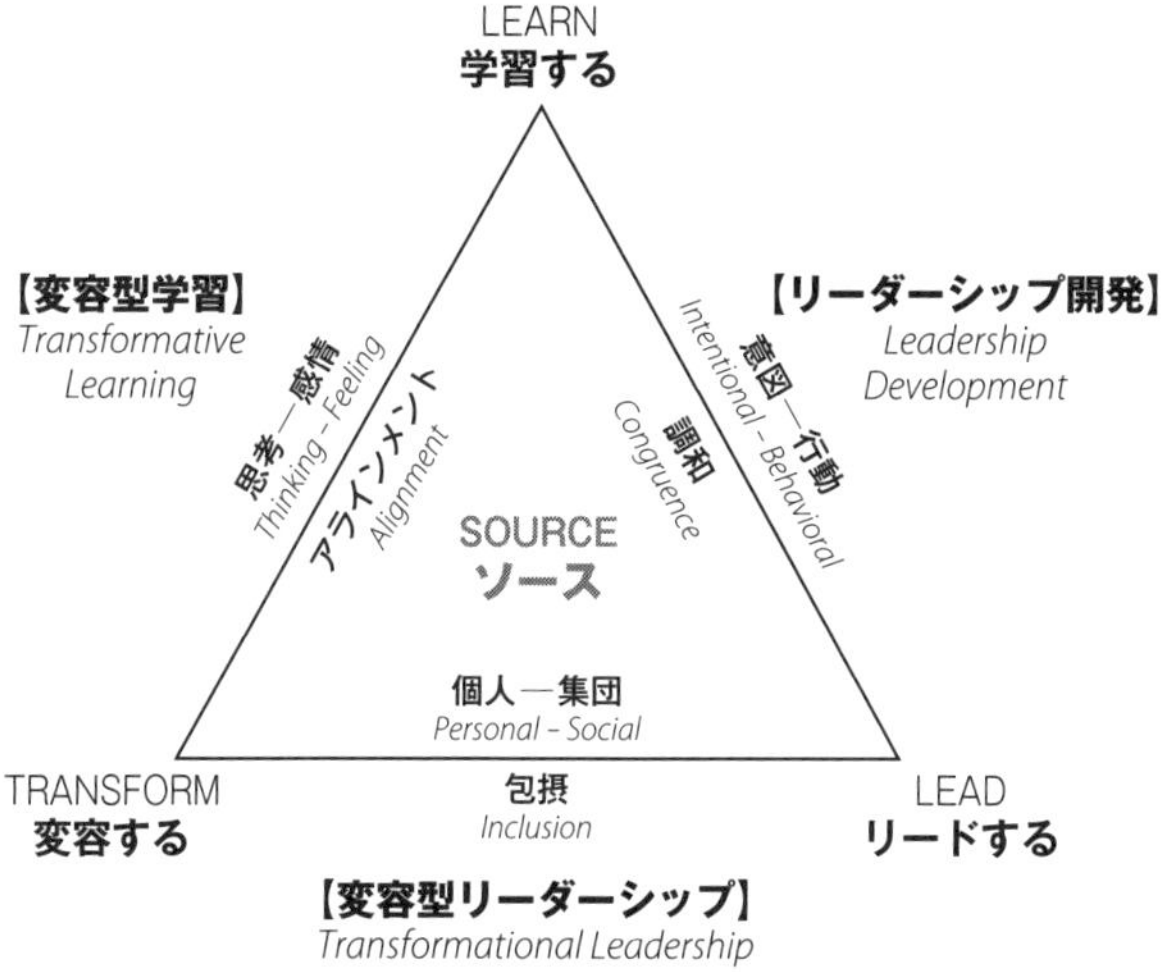

ポール・R・シーリィ博士による研究をもとに作成

まず「思考と感情」とは何かというと、思考とは、論理的思考などの知的な思考のこと。一方、感情は、その人の素直な本心からくる感情ですね。「建前と本音」と言い換えてもかまいません。

仕事をしていると、思考と感情はバッティングすることがよくあります。たとえば、目の前の仕事に対して、理屈で考えればやらなければいけないけれども、感情的にはやりたくない。単に気が乗らないということもあれば、「倫理的に間違っている」と思っていることもあるでしょう。また、怒りを思考で押さえつけているけれども、感情的には怒り狂っているということもあります。

いずれにしても、思考に対して、ネガティブな感情を持つと、必ずなんらかの歪みが生じます。自分の感情をごまかしきれなくなった社員が、「この会社はお客さま第一主義といっておきながら、廃棄食品を再利用している」などと内部告発をするのは、その典型的な現れです。

二番目の「個人と社会」とは、「個人と組織」と言い換えてもいいでしょう。

要は、社員の目指す方向と所属する組織の目指す方向、組織がやろうとしていることと、自分がやろうとしていることが一致しているかどうかです。

これが少しでもズレると、社員は仕事に身が入らなくなります。「この会社にずっといてもしょうがないかな」と考えるようになり、「正社員ではなく、契約社員や外部取引先として付き合いましょう」となることもあります。正社員でなければ、組織のビジョンにそこまでコミットしなくてもすみますからね。

そして三番目の「意図と行動（振る舞い）」とは、組織やリーダーの意図と、実際の行動のことです。組織の経営陣は、「理想的な世の中を築きたい」「人類の発展に貢献したい」という理念やビジョン、行動原則を出しますけれども、それが現場に落ちてくると、「しょせんは理想論。そんなことをやっていたら利益が出ない」といって、ビジョンや行動原則に反する振る舞いをしてしまうことがあります。これは、現場の人だけでなく、ビジョンを出したトップ自らも犯してしまうことがあります。

以上の三つを一致させようと、常に意識していると、次第にやる気がみなぎり、迷うことなく行動できるようになります。

●探しても、ワクワクする仕事は見つからない

三つのコネクトを一致させようとすると、あることに気がつきます。それは、一致させるためには、誰かが変わるのを待つのではなく、自分の考え方を変えることが最も手っ取り早いということです。

まずは、「思考と感情」を一致させるために、今の仕事に対してワクワクした感情を抱けるかどうか、考えてみてください。「ワクワクしない」なら、転職という手もありますが、私は、その前に、目の前の仕事に対する「思考」を変える努力をするべきだと思います。「どこかにワクワクした仕事がある」と探しまわっていても、そんなものは見つからないからです。つまらない仕事を面白くするのも、面白い仕事をつまらなくするのも、結局は、その人の思考一つで決まります。

その格好の例が、ライフネット生命の岩瀬大輔社長のエピソードです。大学のインターン生に名刺の整理と入力作業をお願いしたら、「こんなことをやるためにインターンをしたわけではない」と言って、辞めてしまったそうです。

これは、とても残念なことです。なぜなら、社長の人脈のような貴重なものを見せてもらえる機会など、そうはないからです。名刺の傾向を見れば、「日頃、どんな人と会っているのか」がわかりますから、普段の社長がどのように仕事を進めているのか、読み取ることができます。

また、それぞれの会社について調べてみれば、「世の中にはこんなビジネスがあるのか」と知るきっかけにもなりますし、インターンをした会社の事業と自社事業との相乗効果を考えた、新たな企画が生まれるかもしれません。

つまらない仕事を、面白くするのは、会社ではなく、あなたにしかできません。そして現実には、面白い仕事などなく、すべては、つまらない仕事をどう面白く考えるのかにつきます。それが、仕事ができるようになる秘訣であり、心のズレをなくす唯一の道なのです。

これまでのキャリアを振り返ると、私は、自然と、
「いかに目の前の仕事でワクワクするか」
を考えていたようです。たとえば、外務省にいた頃、よくコピー取りを頼まれていたのですが、これも喜んで引き受けていました。マル秘の書類を読ませてもらえる絶好の機会だからです。コピーを取りながら、それらを読むことで、どれだけ刺激になったかわかりません。

また、三十代前半のときは、外資系家電メーカーの日本法人の代表として、冷蔵庫や洗

濯機などの家電製品を売っていましたが、正直、そのときは、経営コンサルタントをやりたいと思っていたので、「なんで、冷蔵庫売っているんだろう?」と思った時期もありました。

しかし、これらの製品が「女性が働きやすい環境をつくった」という視点を持つことによって、仕事に対して前向きに取り組めるようになれました。というのも、私の両親が共働きで、母が仕事と家事の両立に苦労していたのを見ていたので、「うちの母のような環境にある人を、一人でも楽にしてあげたい」という思考になれたのです。

このように、どんな仕事でも、思考次第で、ものすごくエキサイティングな仕事になってくるわけです。

●コネクトを考えることで、おのずと進むべき道が拓ける

今働いている会社で、もっとやりたいことが見つかったら、今の会社で個人の夢が叶えられるよう、やりたいことをやらせてほしいと頼み込んでもいいでしょう。それもまた、三つのコネクトを一致させるための方法の一つです。「社会性がある仕事だけど、利益も

稼げます。会社に大きなメリットがあります」と提案できるあなたは、もう立派なプロデューサーです。

もし、「そんな夢みたいなことを語るな」と言われても、落ち込んだり、怒ったりする必要はありません。

逆に、「その夢を実現していくために、背中を押してくれたのだ」と感謝し、会社にその提案を受け入れてもらうために、より綿密なロジックを完成させて、そのプロジェクトが自然に生まれるタイミングを待ちましょう。価値あるものは、必ず、この世に生まれ出るきっかけがあるので、ワクワクしながら、そのときを待つのです。すると、周囲と戦うよりも、ずっとスムーズに物事が思いどおりに進み始めます。

基本、私は、「与えられた場所で咲きなさい」がベストだと思っています。実際、目の前に現れてきた出来事が、どんなに閉塞的な状況でも、「どんな嵐でも、必ずいつかはやむ」と唱え、切り抜けてきました。

しかし、その例外はあります。個人の夢と会社の方向性が倫理的な面で違っていたら、一刻も早く辞めたほうがいい。具体的にいえば「困っている人を助けたい」と考えているのに、会社が「困った人を騙してさらに絞り取る」といったビジネスをしていたとしたら、我慢する必要はありません。

もう三十年前の話で、時効だと思うので話しますが、私が外務省を辞めた理由には、個人的な信条とのズレで違和感を覚えたこともありました。たとえば、アフリカ駐在で驚いたのは、黒人のトイレと、日本人の職員のトイレとが別になっていたことです。アメリカから帰ってきたばかりの私は、「さすがにこれはまずいんじゃないか」と思い、上の人に進言もしましたが、受け入れられませんでした。また、アフリカに赴任する前に、「高齢の祖母と今生の別れになるかもしれないので、数日でも日本に帰してもらえませんか」と頼んだのに、却下されたこともありました。

個人が望むところと社会・会社のあり方が違っていたなら、勇気を持って、その場から抜け出すタイミングです。「自分が本来、進む道に気づかせてくれた」と、感謝しつつ、暗闇に一歩を踏み出せば、そのとたん、逆に「お待ちしておりました」と、より大きな可能性に出会うはずです。

●すべては自分の心のズレをなくすことから始まる

心のなかの矛盾は、誰でもあって当たり前です。しかし、ポール・シーリィ博士の「三つのコネクト」によって、その矛盾がどこで起こっているのかを客観的に把握し、ズレをなくしていくと、人間関係の問題が、きれいに解きほぐされていく効果も得られます。

たとえば、仕事をしていると、常に言いにくいことがありますね。人から悪く思われないように、または、自分の思うとおりにスムーズに進むように、伝えるべきことを、わざと後回しにしてしまうといったことです。このように計算ずくめで考えていると、結局、その矛盾は、どこかに表面化してきます。

しかし、その内面の矛盾をなくすことを心がけるうちに、その苦しみはなくなります。たとえば、上司からパワハラまがいの扱いを受けていたとしても、「僕がリーダーになるために、あえていじめている」と考えなおすと、とたんに上司との人間関係がうまくいくようになります。

また、取引先を変更することを検討しなければならない場合、「意図と振る舞いを一致させよう」と胸襟《きょうきん》を開いて、その理由をお伝えしたほうがうまくいきます。

「今後、お互いがより発展していくために、ご相談があります。これまでの仕事にはとても感謝しており、おかげさまで、当社も非常に発展することができました。その結果、当社も専門部署を設置できる段階へ進めることになりました。そこでより成長していくためには、貴社との仕事内容が変わってくるのですが、どうすればより発展的な関係になるか、ぜひ、率直な話しあいの機会を持たせていただきたい」

というように、シビアな話も誠実にストレートに話せば、「実は、私どもも、新しい事業展開を考えていたところで」と完璧なタイミングで、より発展的な関係へとシフトできるのです。

こうしてズレをなくしていくと、とくに、同じビジョンに向かうネットワークの結びつきが強くなり、よりスピーディに、さまざまな物事が実現していきます。自分の内面にブレがなくなり、組織もどんどん強くなる。私自身、そんなことを実感しました。

こうして、自分の意図と行動を一致させ、ワクワクした感情と思考を一致させていくと、自分自身の振る舞いに対して、責任を持つようになります。そして、自分自身の取り組みに対して矛盾がなくなり、夢中になることで、同じ方向性を持った人から共感を得られるようになり、人が集まってくるようになります。こうして、周囲の人の力と応援を得られるようになることで、目標を達成する……。このようなサイクルに入ることができるでしょう。

自分の心の矛盾は、仕事だけにあるわけではありません。友人付き合い、習い事、趣味……。さまざまなところに潜んでいます。それらの矛盾もなくすことを心がけるに越したことはありません。すると、生きていくことが楽になることに気づくはずです。

すべては、自分一人で、心のズレを修正することから、始まるのです。

●就業時間の四割を地域貢献に費やす「きれいなブラック企業」

このように、三つのコネクトを一致させた個人がたくさん集まったうえで、組織にも矛盾やズレがない状態をつくれれば、最強の組織ができあがります。すでにアップルやパタゴニアをご紹介しましたが、「アップルやパタゴニアは特殊な会社。実際にそんな状態がつくれる会社なんて、ほとんどないのでは？」と疑問を持つ人もいるかもしれません。

確かに、会社にも、そこで働く社員にも矛盾がない状態をつくるのは、非常に難しいことですが、そのような企業は、日本の中小企業でも存在しています。

大里綜合管理という千葉県の不動産会社はその一つです。社員約二〇名、年商四億三〇〇〇万円ほどの小さな会社なのですが、『カンブリア宮殿』などのテレビ番組でもよく取り上げられているので、ご存じの方もいるでしょう。

この会社は、「地域とともに」「一隅を照らす」といったことに加えて、「矛盾点をなくす」ということを会社のビジョンにも掲げていて、実際にそれを実践しています。

具体的に何をしているかというと、二八〇以上の地域貢献プロジェクトを行なっています。社員は、なんと就業時間の四割を地域貢献プロジェクトに費やしています。

その狙いは、「社会貢献したい」「地元に貢献したい」という個人の思いと、「会社が地域貢献をする」という会社理念を一致させることです。

二八〇もの数になるのは、「これ、やってみたいな」と思ったことは、即、行動に起こせる仕組みができているから。野老《ところ》真理子社長は、「多くの人は、許可を取らないと安心して動けない『許可病』にかかっているけれども、誰にも許可を取る必要はない。とにかく、社会のために『これは必要だ』と思ったことは、即行動する。その結果を見て、次に何をするか、どういう目標を立てて達成するかを決めましょう」というように考えています。

「許可を取らなくていい」というのは、会社だけではありません。行政などの関係者に対してもそうです。

たとえば、社員が町を歩いていて「この交差点では事故が多いらしい」ということを聞いたとしましょう。そうしたら、一〇〇円ショップで交通整理用の旗を買ってきて、誰の許可を取るわけでもなく、交通整理をやってみます。

また、町をきれいにしたいと考えたら、道の植栽のところに、許可を得ることなく、花を植えてしまいます。すると、役所の人たちが「ここには花が植わってないはずだ」と言って、一度は取り除いてしまうのですが、「許可を取ってないので、しかたないよね。でも、もう一回」と再び植えてしまうのです。そしてまた取り除かれてはまた植えて、と繰り返していると、花が植えられた状態に慣れた住民が「せっかくきれいだったのに、どうして取っちゃったのか」と行政にクレームをつけるそうです。結果、花を植えることが認められるといいます。

さらには、地元の不動産を八五〇〇件、草ぼうぼうの空き地であっても年間一万五〇〇〇円で管理しています。年間二回、草むしりをするときに、球根をどんどん植えていきます。こちらは業者さんにボランティアでお願いしています。「いくらくれるの？」と聞かれたときに、「ごめんなさい、私たちも球根を買うだけで一五〇万円かかるので、ボランティアでやっていただけないでしょうか？」と頼み込んだそうです。

すると、その土地はどんどんきれいになっていきますよね。地主さんは自分の土地が花畑になることなど期待していなかったので、その様子を写真で撮ると、すごく喜ぶそうです。球根を植えた業者の人も、芽が出たことを知ると、嬉しくて、ハマってしまうとか。通りかかる人も、花を見て、心が豊かになる、という好循環が起こっているのです。

このように、大里綜合管理は、地域貢献活動をしたいという思いを実際に行動に移し、社内だけでなく、取引先やお客さまなど周囲のあらゆる人と共有することに成功しています。このように「ビジネスモデル」「顧客へのメッセージ」「地域社会に対するリーダーシップ」の三つに矛盾のない会社は、規模の割に、地元に対する影響力が非常に大きくなります。地元で愛されているのも当然といえるでしょう。

もちろん、働く社員のモチベーションはどの会社にも負けないほど高い。もっと社会貢献活動をしようと、ものすごくパワフルに活動しますし、自分の仕事に対して誇りを持っています。これは、「思考と感情」「個人と会社」「意図と行動」の三つが一致しているからにほかなりません。猛烈に働いてくれることから、「きれいなブラック企業」と野老社長は言っていますが、ワークライフバランスもとれているようです。


ちなみに、現在は「ナノビジネス35」といって、社員に対し「年間一万円の利益を生むビジネスをつくりましょう」という試みを行なっています。一〇〇〇万円でも一〇〇万円でもなく、一万円というのがミソです。年間一万円の利益を生むビジネスならそれほど苦労せずにつくることができます。その狙いは、大きく成長するニュービジネスの種を見つけだすというのも一つですが、社員に自分が考えだしたことが形になる喜びを味わってもらうことにもあるようです。

許可を得ないゲリラ的な社会貢献活動もそうですが、自分でイニシアティブをとって何かをつくりあげると、人は大きく成長します。これらの試みは、一種の教育プラットフォームの役割を果たしているといえるでしょう。

●UTグループに矛盾はあるか

そして、UTグループもまた、矛盾がない会社だといえるでしょう。

第4章で若山社長が話していましたが、UTグループは、

「はたらく力で、イキイキをつくる。」

というミッションを掲げています。すべての働く人にチャレンジする機会を与えることで、高い目標を掲げて、果敢に挑戦する人が増え、個々人の成長や喜びにつながっていく。そのいきいきとした姿が、あらゆるお客さまの期待に応え、日本の未来に貢献する力となる。こういったことを掲げているわけですが、そのようなミッションを実際に実現しています。全国五〇〇以上の工場に一万人を超える人を派遣して、企業に貢献するとともに、日本全国、とりわけ「マイルドヤンキー」のような地域の労働力を育て上げ、地域貢献も果たしているわけです。

若山社長の発言を聞いていても、「個人と会社」が噛みあっているのはもちろんですが、「意図と行動（振る舞い）」にも矛盾がないことがわかります。

たとえば「派遣社員が経営に参画する会社にしたい」「学歴にとらわれない実力主義の会社にしたい」という考えを形にすべく、派遣社員がマネージャーや執行役員に立候補できるエントリー制度を始めました。また、「派遣社員が筆頭株主の会社をつくりたい」といって、社員持株会や、株価が上昇したときに分配金がもらえるＥＳＯＰという制度を導入しています。意図と行動が見事に一致しているわけです。

また、社員に対して、「俺はムカついているんだよ」と説明するという話もありましたが、このように「思考と感情」を一致させることで、社長と社員がオープンに分かちあう環境をつくりだしています。

矛盾がないのは、若山社長が、困難にみまわれようとも、自ら打ち立てたビジョンや原理原則に対して妥協することなく、粘り強く実行し続けているからです。このような屈強な精神力と実行力を持ったリーダーのことを「レジリエントリーダー」と呼びますが、まさに若山社長はレジリエントリーダーだといえます。

このように、トップがリーダーシップをしっかりと発揮して、矛盾のない状況を創り出すと、トップのビジョンについていけないミドルマネジメント層は自然といなくなり、ビジョンにコミットしたミドルマネジメント層だけが残ります。彼らが末端の社員に、日々方向性を伝えていくことで、会社の隅々までビジョンが浸透していくというわけです。こうなると、新卒や中途の採用でも、会社のビジョンに共鳴した人が入ってくるようになります。

「思考と感情」「個人と会社」「意図と行動」の三つが一致している社員ばかりになれば、組織はどんどん強くなっていきます。

若山社長のように、矛盾のないリーダー＝コネクティング・インテリジェンスのあるリーダーがいると、三つのコネクトの矛盾がなくなり、情報をきちっとやりとりできるネットワークができあがります。

すると、「最初に言った意図と違うじゃないか」「そんなことは倫理的にできません」といったコミュニケーションのいざこざがなくなり、情報のやりとりがスムーズになります。その結果、次から次へと良質な情報が生まれ、良質なビジネスが始まる、といったことが起こるのです。

また、社員も、ビジョンを明確に意識し、日々の仕事への疑念もなくなるので、「思考と感情」「個人と会社」「意図と行動」の三つが一致しやすくなります。

ＵＴグループに、時給九〇〇円の派遣社員から執行役員になった小野さんという人がいるという話がありましたが、この小野さんも、三つのコネクトのズレがなくなったことが、出世の原動力になったのではないかと思います。

当初は「二日に一回休みなんておいしい。思う存分スノーボードができる」という理由で新潟の工場で働き始めたけれども、工夫が認められることで、だんだんと「仕事が楽しい」という思考と感情を持ち始めた。「どうせ働くなら、みんなで気持ちよく働いて、結果を出そうよ」という意図を持つようになって、同僚をスノーボードに誘うという行動をとるようになった。そうするうちに、「自分がリーダーとなってこの組織を成長させていきたい」という個人的な思いが芽生え、それが会社の方向性と合致して、出世していった……。このような心の動きがあったのではないかと思います。

リーダーの内面がコネクトしていて、組織的にもコネクトしている場をつくることで、そこに集う人々も内面をコネクトし、自然とキャリアストーリーを描いていく……。若山社長本人は「まだまだ課題だらけ」だと言いますが、社員が一万人以上に達しているＵＴグループほどの規模で、これだけ矛盾の少ない会社は珍しいといえます。そこに、ＵＴグループのすごさがあるのです。

第6章

〔対談〕これから十年、飛躍するための条件

●未来が描ける場とツールがあれば、人は誰でも伸びる

神田　今回は「未来に選ばれる人」について探求するという対論に応じていただき、ありがとうございました。派遣社員を正社員として雇い、彼らにキャリアビジョンを示す。必要なスキルが基礎からしっかり身につくような仕組みを用意し、チャレンジする機会を与えて、大きな成長を促す。ＵＴさんが人材派遣会社として最先端の取り組みをしていたのは前から知っていましたけれど、今回の若山さんの話を聞いて、改めてすごい取り組みだなあと思いましたよ。

若山　いえいえ、こちらこそ、神田さんにこんな機会をつくっていただき、自分たちの取り組みを整理できましたし、身が引き締まりました。僕たちの人材育成の仕組みはまだまだ発展途上ですが、いきいき働く人を日本全土に一人でも多く育て上げていきたいという思いで、試行錯誤を繰り返してきました。それが、少しは実を結びつつあるのかな、と思います。

神田　ＵＴさんのすごさは、なんといっても、もともと上昇志向がそれほど高くない人、「仕事は最低限のお金を稼ぐ手段にすぎない」と考えている人が、上昇意欲を持ち始め

ることですよね。仕事より遊びのことばかり考えていたような人が、気がつけば、誰よりも熱心に仕事に取り組んでいる、なんてことが珍しくない……。私も、長年、人材教育に携わってきていますからわかるのですが、もともと上昇意欲のある人を育てるのはそれほど難しいことではありません。一人で勝手に育ってくれますからね。

若山 確かに、そういう人ばかりなら楽ですよね。

神田 でも、上昇志向のない人の心を変えるのは、そう簡単なことじゃない。そんな仕組みをつくりだしてしまったのが、UTさんのこれ以上ないほどの大きな強みでしょう。時給九〇〇円の派遣社員から執行役員になった小野さんはその代表だったわけですが、小野さんは決して突然変異じゃない。

先日、UTさんのマネージャー研修で、マネージャーさんたちとお会いする機会があったのですが、その人たちも、もともと工場に派遣されて働いていた人たちで、学歴を見ても、大卒は少数派。上を目指してあくせくした生活を送るのではなく、地元に住み続けて、小学・中学時代から知っている仲間たちとつるみながら、家族との時間を大切にし、地元に骨を埋めよう。いわゆる「マイルドヤンキー」と呼ばれるようなタイプの人が多くいらっしゃいました。

こうしたマイルドヤンキータイプの人たちは、仕事を「生活するための手段」と割り切っている傾向があると思います。実際、お会いしたマネージャーさんたちも昔はそうだったみたいですが、今は、とにかく仕事熱心。学習意欲が高く、前のめりに仕事に取り組んでいる様子でした。

若山 やる気が芽生えたのは、いくつかの要素が重なっているかと思います。明るい未来が描ける仕組みを用意しているというのも大切な要素の一つです。学歴に関係なく執行役員に昇進できる道が開かれていたり、ほかの仕事の基礎を学んでキャリアチェンジができるシステムがあったり、というのは、ほかの派遣会社にはあまりない特徴ですからね。

神田 しかも、それが手の届かない目標ではない。リアリティのある将来を見せてあげれば、自然とモチベーションは上がるというわけですね。

若山 それにも増して大きいのは、「学習する楽しさを知った」ことではないかと思います。学校の勉強が嫌いで、勉強しないで育った人は、学習の楽しさを知りません。だからますます勉強が嫌いになるわけですが、そういう人でも、仕事の場で丁寧に教えてもらって学ぶことで、できることが増えたり、ほめられたりと、小さな成功体験を得られると、学ぶことが楽しくなってきます。これまで学習する機会が乏しかった人ほど、その喜びは大きいのではないでしょうか。

神田　マネージャーさんたちが講義を受ける姿を見たときに、私は、中国の大学で講義をしたときのことを思い出しました。講義や授業の際、日本人の学生は後ろのほうから座っていくのに対して、中国人の学生は教室にいち早く来て、前に座るんですよね。とにかく上昇志向が強く、貪欲な学習意欲を持っている。その中国人学生と同じような雰囲気が、ＵＴの社員からも感じられました。研修が始まる一時間も前から顔を出している人もいましたからね。

若山　それはたのもしい。

神田　ただし、単に上昇志向だけで動いているかというと、そうじゃない。一時間も前から来ていた人と話していたら、実は奥さんが出産間近だと聞きました。「初めての子で、まだ産気づいていないので、研修が終わり次第駆けつけます」ということだったのですが、たまたま、講座中に奥さんから「破水した」と連絡があって、途中で退席したのです。そのときに印象深かったのが、一緒に講義を受けていた残りの三五人から、非常に温かい応援を受けていたこと。これには感動しました。

若山　そんなことがありましたか。

神田　この光景を見て、思ったのです。マイルドヤンキーは地元や家族を大切にする気質の持ち主だと思うのですが、そういう人たちが上昇志向に目覚めると、地元と家族を大切にしながらも、会社での自分の役割を考え、責任を持って仕事に取り組むようになるのだな、と。これは人間として理想的な形だと思うのです。

未来を描ける場とツールを与えれば、人は誰でも、自分自身の才能を発揮し、仕事の面だけでなく人間としても成長していくのですね。

●キャリアを描いてくれる人はもういない

神田　しかし、「会社がキャリアストーリーを描いて、レールを用意する」というのは、派遣会社としては珍しいことですが、かつての日本企業では当たり前のことでした。終身雇用で、入社から定年退職までのレールを敷き、年代ごとに歩むルートを示したうえで、人材教育を施していました。

さらにいえば、社員一個人だけでなく、社員とその家族が成長しながら、幸せになっていくためのレールを敷いていました。家族参加の運動会や社員旅行など、日本文化の延長のなかで、家族が仕事や会社と関わり成長していく仕組みがあったわけですね。

ところが、そのようなレールを敷いてくれる会社が、少なくなってしまった。バブルが崩壊し、多くの会社の成長が止まり始めると、終身雇用が維持できなくなり、誰も気づかないうちに、途中でキャリアストーリーがなくなってしまった。

若山　今では大手企業ですら、社員のキャリアを描くことを放棄せざるを得なくなっていますからね。自前で技術者を育てる余裕すらなくなってきている。だからこそ、われわれのような会社の存在意義があるわけですが。

神田　会社が、社員の定年退職までのレールを敷けたのは、やはり、国全体が成長していたことが大きかった。会社も、黙っていても、伸びましたからね。

若山　いずれにしても、企業が縦割りの雇用形態のなかで社員を終身雇用して、キャリアビジョンを示す、という道はもはやないのでは、と感じています。

神田　ただ、企業はそれでもいいかもしれませんが、個人は困ってしまったわけです。キャリアストーリーを描いてくれる人が誰もいなくなってしまったのですから。

若山　会社が描いてくれなければ、もはや描けるのは自分しかいません。

神田　自分自身で成長を持続・継続させないといけない。自分の成長と家族の成長・幸せを考えながら、キャリアストーリーを描いていかなければいけないわけです。

若山　自分でキャリアストーリーを描かなくてはいけない、ということは、アメリカ型の社会になるということですね。昔、アメリカに行ったときに、「オキュペーショナル・アウトルック・ハンドブック」というのでしょうか。職種ごとに最低賃金や将来性などが書かれた電話帳みたいのがあって、たとえば「半導体技能士」などと引くと、年収いくら、将来性は星が二つとか出てくるのです。これを見て、自分のキャリアを考える資料としてはすごくわかりやすいなと感じたのと同時に、キャリアに関する日米の違いを実感した記憶があります。

神田　アメリカでは、もともと誰もキャリアを描いてくれませんからね。自らキャリアを描くことができる人は、自分を伸ばす仕事は何か、何をすれば豊かになれるのか、を考えて、自分自身でレールを切り替えて、必要なことを実行していきます。アメリカでは自らキャリアを描く人を「エリート」というわけですが、彼らは自腹を切って、スキルアップのための研修に参加します。だいたい年間収入の一〇％程度は自己学習に費やしているといわれていますね。

若山 年収五〇〇万円なら年間五〇万円、年収一〇〇〇万円なら年間一〇〇万円を費やす計算ですか。実際には、小さくない出費ですが、将来手に入るリターンからすれば、それくらい出すのも惜しくないと考えたいですね。

神田 自己学習をすることなく、自分でキャリアを描けないという人は、同じ職場で、同じ仕事で、同じ報酬で、という生活をずっと続けることになります。そして、どんどん年をとっていき、気づけば、若い人にとってかわられるようになる。レールがなくなったときに、初めてレールがないことに気づくというわけです。

その結果、社会的に見ると、エリートと、エリートではない人との格差がどんどん開いてしまっている。アメリカが格差社会だというのは、これも一つの原因です。

若山 日本でも、同様に、どんどん格差が開くようになるかもしれませんね。

神田 日本人に関しては、決して悲観的なことばかりではないと思うんですよ。自分のキャリアを切り拓こうと勉強する人の割合は、間違いなく、アメリカより多いと思います。エリート層だけでなく、普通の人も自己学習にお金を費やしていて、年齢層も幅広い。私、毎年、全国講演ツアーをしているんですけど、最近は、その懇親会に大学生や高校生が来るんですよ。

若山　高校生ですか？　大人向けの講演ですよね？

神田　はい。私が高校生の頃なんて、私みたいなおじさんの講演会にお金を払って行くことなんて考えもしませんでしたけどね。これは極端な例かもしれませんが、学び好きの日本人は実は増えていると思うんです。ただ、残念なのは、今までキャリアストーリーを描くことなく過ごしてきたので、キャリアを描くことに慣れていません。

若山　急に「自分で責任を持って自分のキャリアストーリーを描き、自己学習せよ」というのは、少々急展開すぎるような気もしています。国もそのことには気がついているようで、二〇〇二年には厚生労働省が「キャリアコンサルタントを大量に養成する」ことを打ち出しました。

社員のキャリアをアドバイスするキャリアコンサルティング制度を導入したり、キャリアコンサルタントを育てた企業は助成金がもらえます。また、今年（二〇一六年）四月にはキャリアコンサルタントが国家資格化する予定です。

神田　会社がキャリアを描けなくなった今、方向性としては、間違っていないですよね。ただ、それがうまくいっているかというと、なんともいえません。

キャリアコンサルタントは、面接のときに、社員さんが「しっかりとキャリアについて考えているかどうか」「自らの資質を見出しているかどうか」を質問形式でまとめていき、書類を作成しなければなりません。しかし、コンサルタントとしての経験が浅いと、職務質問というか、尋問のようなものになりがちです。

キャリアコンサルタントは、人間的なコミュニケーションをとりながら、温かく見守りつつ、育てる目を持っている、相手の心に寄り添うことができるメンターのような存在だとベストなのですが、短期間でそういう人を養成するのは簡単ではありません。

若山　僕たちの場合は、チームマネジメントをする現場の管理者を重視していて、シフトリーダー、工程管理者、ＦＣマネージャーという三人のリーダーがいます。彼らが社員の面倒を見たり、相談に乗ったりするのですが、やはり彼らがどれだけ親身になってあげられるかどうかで、社員が育つかどうかが決まってきます。何度もご紹介しました執行役員の小野は、工場でまだ役職がなかった頃に、リーダーたちにかなり世話を焼いてもらっていたそうです。会社の財務諸表の見方を個人的にレクチャーしてもらったり、さまざまなことを教えてもらっていたようですね。

神田　やはり一人の成長の陰には、支える人の存在があるのですね。そう考えると、もちろん個々人が変わることも必要ですが、今の会社が、社員が自分でキャリアを描けるようなサポートをすることも大事なのではないでしょうか。一人ひとりが輝く未来に向かうレールを、社員自らが描ける場と技術を提供するのは、今の会社に残された役割なのではないかと思います。

●「フューチャーマッピング」で三年先のビジョンを描け

神田　このような状況のなかで、ＵＴさんのような人材派遣会社が、雇用の受け皿になるだけでなく、派遣社員の将来のキャリアを描き、スキルアップの道筋も用意した。こうした、時代の先を行くような試みをしたことは、すごく意味のあることだと思います。

若山　派遣法の改正で、派遣会社は派遣社員のキャリア形成支援をするというルールに変わったこと。また、派遣社員に要求されるスキルレベルが高まり、教育の必要性が出てきたことなどがありましたから、ほかの派遣会社さんも、近いうちに、僕たちと似たようなことをするようになるとは思います。しかし、そのような動きが出る前から、僕たちはキャリア形成支援に取り組んでいましたから、一日《いちじつ》の長《ちょう》があるのは確かですね。

神田　人材派遣会社が派遣社員のキャリアストーリーを描き、教育することで、一般企業よりも、派遣会社に入ったほうが、スピーディにスキルアップできるようになる。派遣会社から、有能な人材が次々と現れる。そんな事例がどんどん出てくる時代になるかもしれませんね。

若山　僕たちの取り組みをきっかけに、多くの企業に刺激を与えることができれば、嬉しいですね。

神田　UTさんのように、新しい時代に合った人材開発モデルを示せる会社が出てくれば、あとは早いと思います。何よりも、大企業でも幹部社員がどんどん世代交代し始めていて、彼らは真剣に、企業変革を始めています。そのときに、どんなにすばらしい戦略を打ち出しても、ボトルネックになるのが、コミュニケーションと人材開発なのですが、そのボトルネックを解消するうえで、さまざまな背景を持った多種多様な人材が集まりながら急成長を遂げているUTさんの挑戦は、とても参考になると思います。

若山　当社に集まってきた社員一人ひとりは、誰もがすばらしい才能を持っています。ただ残念なことに、自分自身の将来のビジョンが描けていない場合が多い。仕事と自分のライフビジョンのつながりを効果的に見出してもらうために、僕は近いうちに、神田さんが広めている「フューチャーマッピング」を全社に導入にしたいと考えています。まずは新入社員が入社したときに実践してもらい、自分のライフビジョンをつくってもらおうと考えているのです。

二十二歳で入社したら、二十五歳のときにどうなっていたいか、二十八歳のときにどうなっていたいか。仕事だけでなく、結婚はいつくらいにして、子どもは何人いるのが理想で……と自分が思い描くライフビジョンを書き出してもらいたいんですね。それを想像するだけでも、見える世界や生きる姿勢は全然違ってくる。サービスマスター社の清掃員がピカピカに掃除をするようになったのは、株を持ったことで、自分の未来を想像したからだと思うのです。

そして、ライフビジョンを描いてもらったら、それをベースにキャリア形成の提案をしていきたいと考えています。「このままの仕事だと、この年収にならないね」とか、「スペシャリストとマネージャー、どちらを目指すのがいいんだろうね」とか。

神田　それはすばらしいですね。「フューチャーマッピング」は、公立高校のキャリア教育でも使われ始めています。十代、二十代の若者でも、五十代の管理職でも、定年退職した七十代でも、誰でも使うことができますし、みんなでワイワイとつくれば、互いに応援しあうきっかけにもなります。

読者の方にも、ぜひこの機会に、フューチャーマッピングで自分の将来のビジョンを描いてみていただきたい。十年先まで見据えるのが難しければ、三年先でかまいませんので、自分がどのようにしたらハッピーになるかというプランを考えてみてください。二十分もかからないでできるような単純作業ですが、それだけでもさまざまな気づきが得られ、目の前の仕事が変わり始めます。

これから二〇二四年までの間、働く環境は大きく変わります。先が見えないから、流されてしまいがち。しかし自分で未来を描き、自分の未来を選ぶ人は、逆に、未来から選ばれる。

自分の未来を創る人が、未来から選ばれるのではないでしょうか。

④矢印の下に、そこで何が起こるかをヒトコト（ヒトコト集を用意）で書きます。
⑤矢印の上に、自分がどんな行動をするのか想像して書きます。
⑥これで完成です！ できた図を見て、今の自分がすべきことを考えてみましょう。

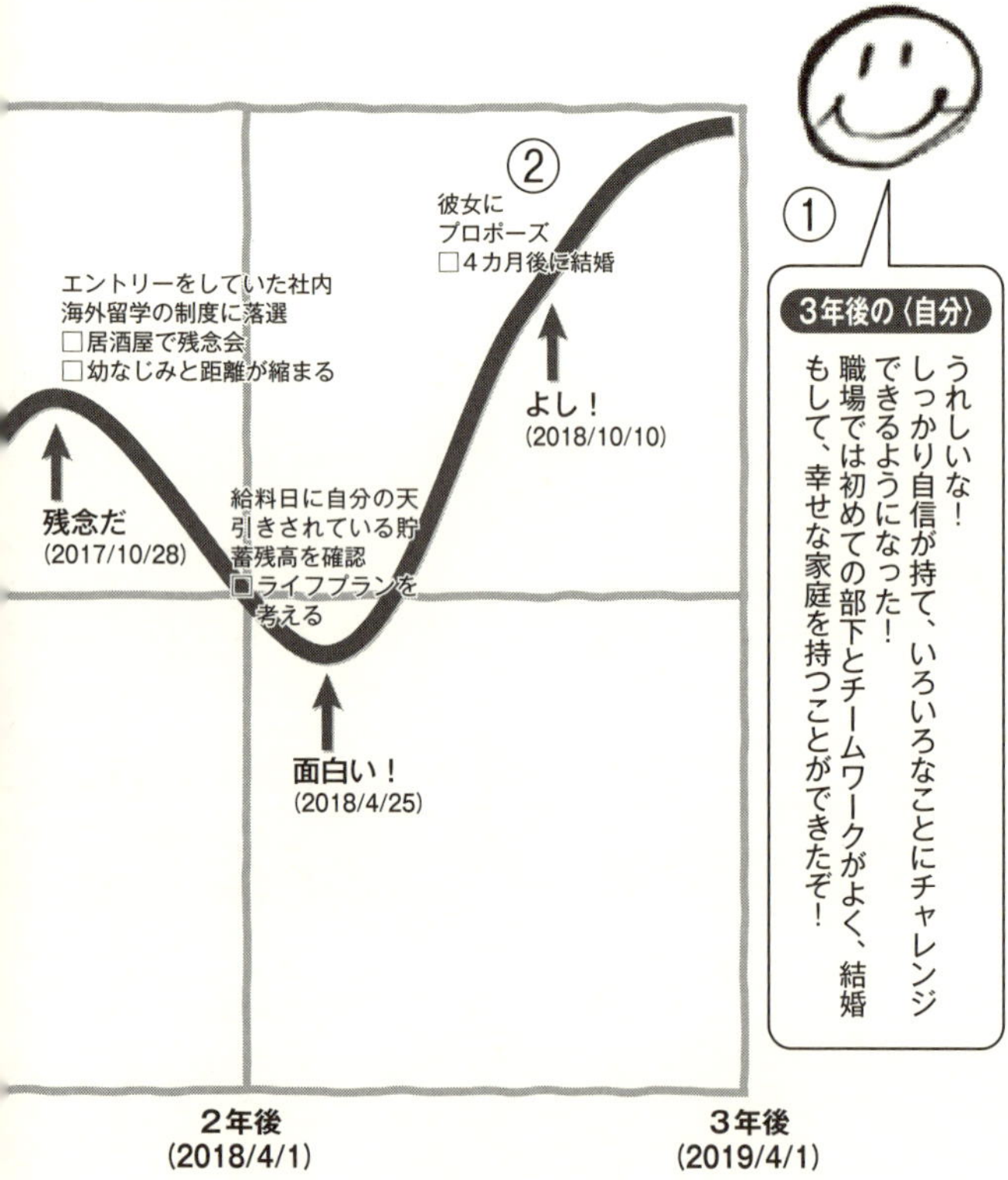

■3年後のフューチャーマッピングの描き方

①自分の3年後、仕事、家族の3年後がどのようにハッピーになっているかということを考えて、その状況を、右上の吹き出しにセリフにして書きます。
②右上から左下に曲線を引きます。
③曲線の起伏のなかで気になるところに、曲線の下側から矢印をつけます（6カ所程度）。

課 題

3年後に自分と家族がハッピーになるためにはどうすればいいか？

《ヒトコト集》

【Up】
へえ！／ほお！／なるほど！／わかった！／すごい！／そうだったんだ！／面白い！／いいね！／よし！／わくわくする！／びっくり！／まさか！

【Down】
疲れた／しょぼん／がっかり／もういいか／つまんない／あきた／気がすんだ／残念だ／もう無理／あきらめよう／裏切られた／うーん

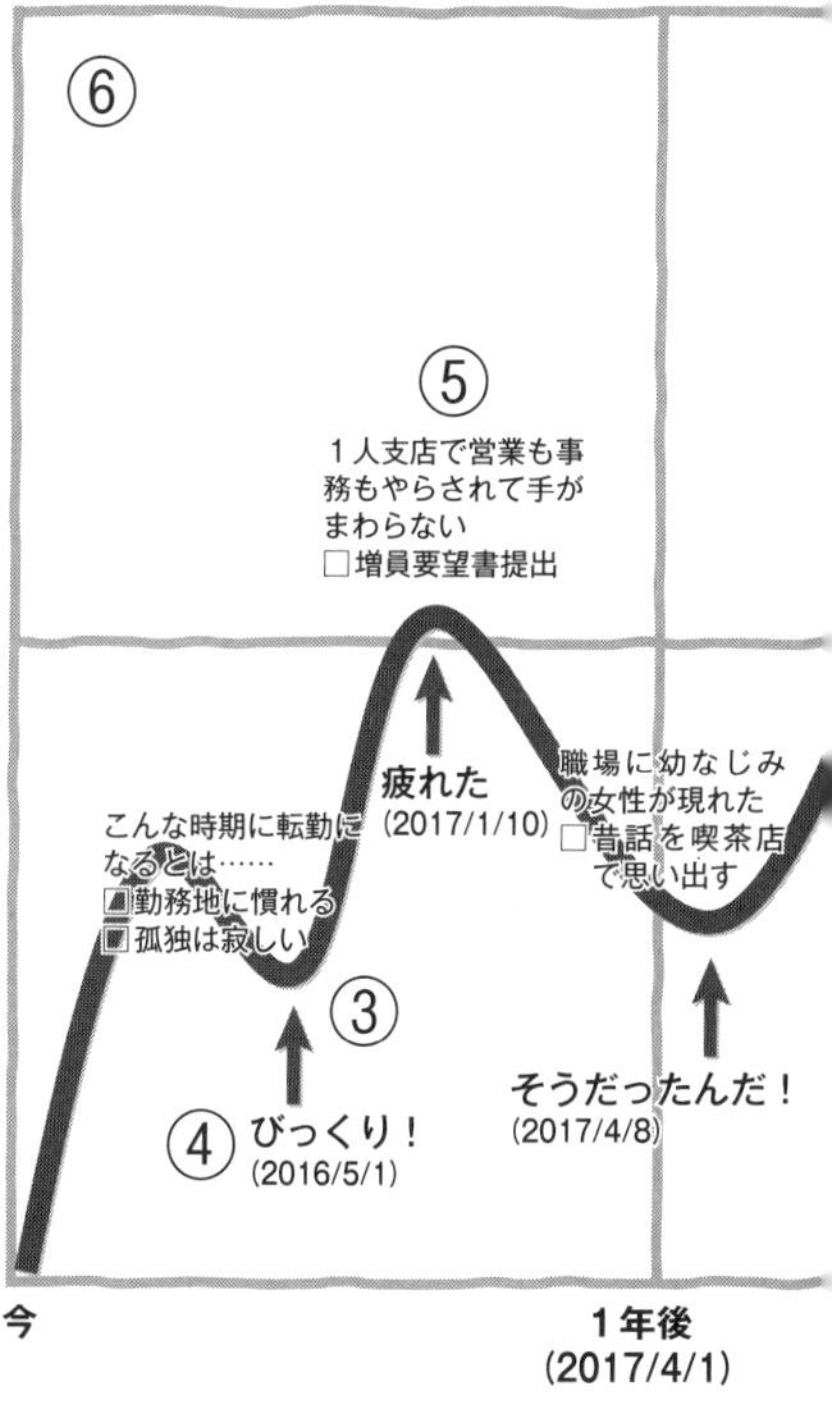

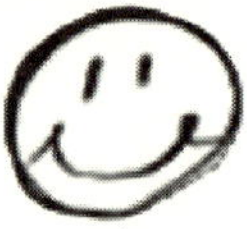

3年後の〈自分〉

2年後
(　　　)

3年後
(　　　)

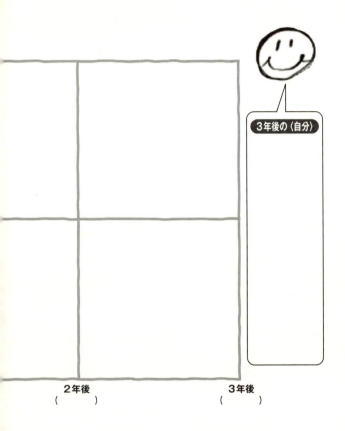

■3年後のフューチャーマッピングを描いてみよう！

課題

3年後に自分と家族がハッピーになるためにはどうすればいいか？

《ヒトコト集》

【Up】

へえ！／ほお！／なるほど！／わかった！／すごい！／そうだったんだ！／面白い！／いいね！／よし！／わくわくする！／びっくり！／まさか！

【Down】

疲れた／しょぼん／がっかり／もういいか／つまんない／あきた／気がすんだ／残念だ／もう無理／あきらめよう／裏切られた／うーん

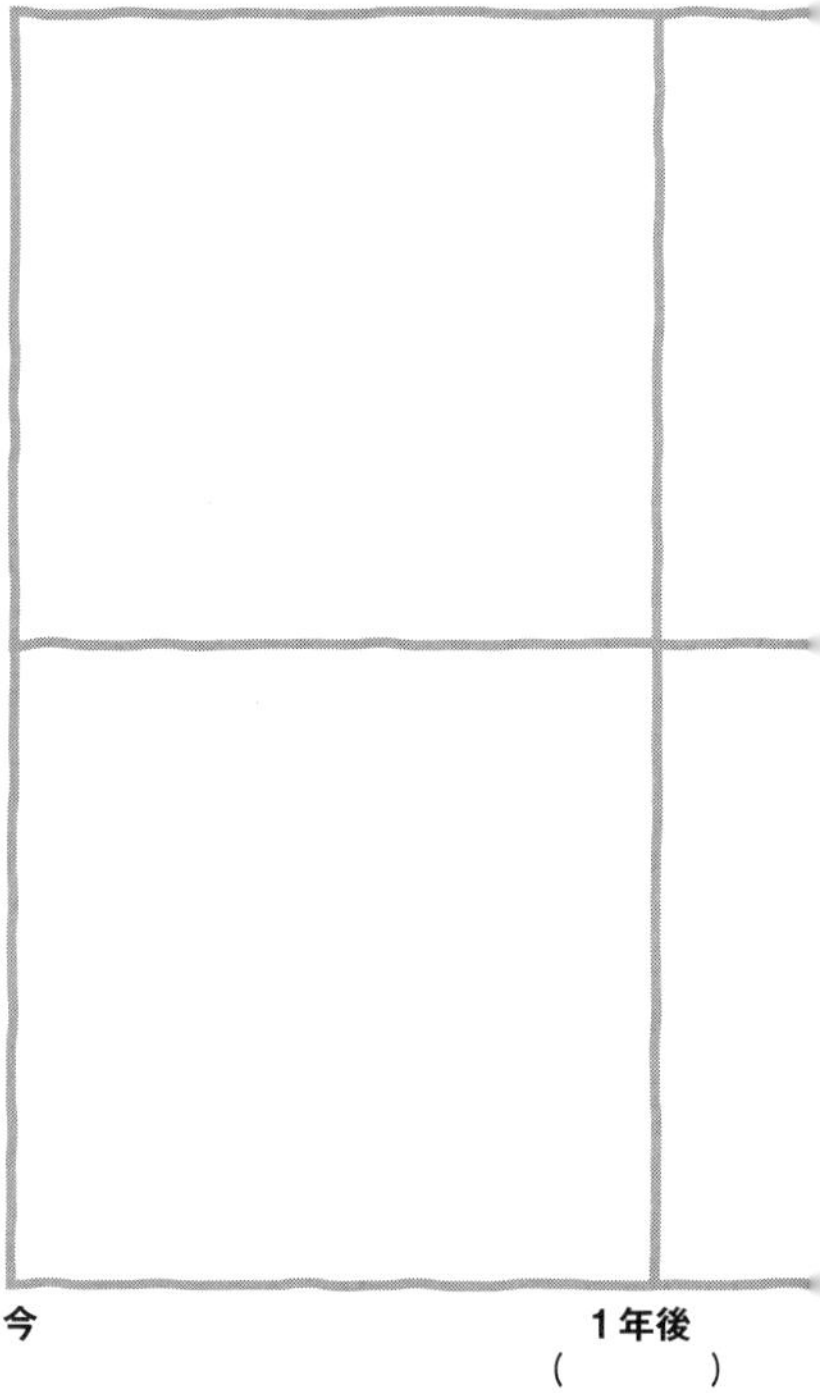

あとがき――二〇二〇年、日本の人口は四十五歳以上が過半数を占めるようになる

若い会社、若い社長、若い幹部といわれ続けてきた当社も、二十年経営をしてきて、はたとまわりを見ると、会社の歴史とともに社員も年齢を重ね、執行役員以上の幹部社員は四十歳以上となり、いつもと変わらぬ面々が、いつもと同じ感じで仕事をしている、いつもの風景がありました。

長らく苦楽を共にしますと、あ・うんの呼吸ではありませんが、なんとなくみんなが考えていることもわかりますし、できること、できないことの予定調和ができあがっています。

ビジネス環境に変化がないなら、何も無理して自分たちを変える必要はありませんが、弊社の顧客の事例を見ていますと、一時は飛ぶ鳥を落とす勢いにあったすばらしい会社でさえも、変化に対応できないことがあります。激変の時代では変化に取り残されることは「死」を意味します。

僕は東京に住んで十年を超えた頃、ささやかに自分だけのパーティをしました。十年

間、変化の激しい東京に住み、家賃を自分で払い続けてこられたことに対する、自分への賞賛です。

僕のまわりのベンチャー起業家といわれる人たちのなかにも、当たり前ですが栄枯盛衰があって、「あれ？　あの人最近見ないな」と思っていたら、会社が倒産して田舎に帰ってしまっていたという話は珍しくありません。

現に僕もリーマンショックの頃、個人のバランスシートが債務超過になり、自己破産寸前の状態に陥っていました。当時、住んでいたマンションも引き払い、うんと安いところに引っ越しましたし、親しくしていた人たちとの別れも訪れました。

誰も頼れないし、自分で問題解決するしかありませんでした……。

ＵＴグループがドメインとする雇用サービス産業の市場規模は、電機産業の八兆円を上回り、今ではなんと九兆円になりました。日本の電力産業が一七兆円ですから、常に語ってきた、「電気、水道、雇用サービス」になったのです。

現在、日本の総労働人口五〇〇〇万人のうち、四〇％近くの二〇〇〇万人がいわゆる「非正規社員」といわれる人たちです。

十年以上前の書籍、ドラッカーの『ネクスト・ソサエティ』(ダイヤモンド社)にも、未来は非正規労働力を戦力化できた会社が生き残ると書かれています。

現在、正規、非正規、女性の活用、多国籍化を含めたダイバーシティを発展させた概念として「インクルージョン」という考えが広まりつつあり、まさに未来への予言が的中しています。

『ネクスト・ソサエティ』で書かれていたことは、これまでの新卒大量採用、終身雇用を前提とした画一的マネジメントが通用しなくなることを示唆しています。いわゆる非正規と呼ばれる人たちは、入社時期が一定ではなく、入社動機も、「家から近いから」「給与がいいから」という表面的なことであったり、「仕事が面白そうだから」「教育制度がしっかりしているから」など自分の将来に目を向けた内容であったりと、個々人によって異なっており、このように多様化する人材をどう戦力化していくかが、日本および世界の問題であり、僕たちの課題でもあります。

UTグループを二十年以上経営してきて思うのは、同じ事業モデルが通用するのはせいぜい五年、どんな事業も多く見積もっても十年も過ぎれば通用しなくなるということです。

たとえば弊社であれば、正社員派遣→チーム派遣→半導体特化派遣→キャリア形成支援派遣と、ビジネスモデルも世の中の変化に合わせて少しずつ変わっています。

それに合わせて組織もリプレイスしていかなければ生き残れません。

成功体験が強く、プロ意識が高かったり、学習してきたことが多い人ほど、現場感が乏しくなる傾向があります。こうなると危険です。


本書ではUTグループが取り組んできて有効だった役職エントリー制度、株式給付信託制度、ジョブローテーション、現場表彰制度などをご説明してきましたが、それらは、未来への可能性を具体的に示し、それを正当に評価、公平に処遇し、経営への参画を高める経営施策です。


つまりは、こうだと画一的な解を出すのではなく、従業員に選択を委ねる経営方針です。

UTグループであれば、従業員を顧客に見立てる視点を大事にしているように、常に普遍的な価値観をしっかりと持ちつつも、現状や過去の成功をも否定し、変化に柔軟に対応できる力を同時につける、表裏一体を併せ持つ組織や人材をつくる試みだと思います。

偉そうに講釈を垂れましたが、

「大丈夫！　仕事で失敗したからといって、命まで取られることはない。思うように、楽しんだもん勝ち！」

というスタンスが大事ではないかと僕は思っています。案外そんな気の持ちようが、変化に対応する力となり、大ピンチを乗り切らせてくれるものです。

未来に「明るい」も「暗い」もありません。未来は未来なのですから。

二〇一六年四月

ＵＴグループ株式会社代表取締役社長兼ＣＥＯ　若山陽一

神田昌典（かんだ・まさのり）

経営コンサルタント、フューチャーマッピング開発者。株式会社ALMACREATIONS代表取締役。日本最大級の読書会「リード・フォー・アクション」創設者。

上智大学外国語学部卒。ニューヨーク大学経済学修士、ペンシルバニア大学ウォートンスクール経営学修士。

外務省経済局、イノベーション企業として知られる米国ワールプール社の日本代表を歴任後、コンサルティング会社を設立。総合ビジネス誌では、「日本のトップマーケター」に選出。2012年、アマゾン年間ビジネス書売上ランキング第１位。

2009年に発表した目標達成の思考法「フューチャーマッピング」は、米国、中国で高く評価され、現在、世界155カ国に向けて発信されている。教育界でも精力的な活動を行なっており、公益財団法人・日本生涯学習協議会の理事を務める。

主な著書に『神話のマネジメント』『非常識な成功法則』（以上、フォレスト出版）、『ストーリー思考』『全脳思考』（以上、ダイヤモンド社）、『成功者の告白』『人生の旋律』（以上、講談社）、『成功のための未来予報』（きずな出版）、『2022――これから10年、活躍できる人の条件』『お金と正義』（以上、ＰＨＰ研究所）、翻訳書に『ザ・マインドマップ』（ダイヤモンド社）、『あなたもいままでの10倍速く本が読める』（フォレスト出版）などがある。

若山陽一（わかやま・よういち）
ＵＴグループ株式会社代表取締役社長兼ＣＥＯ。
17歳のとき、バイク事故で肝臓破裂、４日間の意識不明を超えて一命を取りとめたことで、命は有限であることを実感し、起業を決意。「仕事を創ることが仕事」をポリシーに1995年にＵＴグループを創業。2003年、製造派遣業界で初めての上場を果たす。その後、旧ＧＷＧ買収を機に、ＧＷＧのコンプライアンス違反が見つかり倒産の危機に。同時に、個人でも37億円の負債を抱え、自己破産の危機に陥るも、不屈の精神によって全額返済。
趣味で始めた登山では、世界の名峰８山登頂後、2015年、エベレスト登頂を目指すも、ネパール大地震の影響でやむなく下山。ネパール登山がきっかけとなり、世界中に仕事を創ることを決意。途上国支援の一環として、ネパールで高品質なイチゴの生産による雇用創出を始める。座右の銘は「想いが行動を変え、行動が現実を変える」。

PHP
Business Shinsho

PHPビジネス新書 355

未来から選ばれる働き方
「会社がなくなる時代」のキャリア革命

2016年5月2日 第1版第1刷発行

著　者	神田昌典 若山陽一
発行者	小林成彦
発行所	株式会社ＰＨＰ研究所

東京本部 〒135-8137 江東区豊洲5-6-52
ビジネス出版部 ☎03-3520-9619(編集)
普及一部 ☎03-3520-9630(販売)
京都本部 〒601-8411 京都市南区西九条北ノ内町11
PHP INTERFACE http://www.php.co.jp/

装　幀	齋藤　稔(株式会社ジーラム)
制作協力・組版	有限会社データ・クリップ
印刷所	共同印刷株式会社
製本所	東京美術紙工協業組合

ISBN978-4-569-83011-7

「PHPビジネス新書」発刊にあたって

わからないことがあったら「インターネット」で何でも一発で調べられる時代。本という形でビジネスの知識を提供することに何の意味があるのか……その一つの答えとして「**血の通った実務書**」というコンセプトを提案させていただくのが本シリーズです。

経営知識やスキルといった、誰が語っても同じに思えるものでも、ビジネス界の第一線で活躍する人の語る言葉には、独特の迫力があります。そんな、「**現場を知る人が本音で語る**」知識を、ビジネスのあらゆる分野においてご提供していきたいと思っております。

本シリーズのシンボルマークは、理屈よりも実用性を重んじた古代ローマ人のイメージです。彼らが残した知識のように、本書の内容が永きにわたって皆様のビジネスのお役に立ち続けることを願っております。

二〇〇六年四月

PHP研究所

太田芳徳

301 なぜあの人はいつも助けてもらえるのか　藤巻幸大
302 フレームワーク115　丹生　光
305 できる人はなぜ「白シャツ」を選ぶのか　唐澤理恵
308 ゴミ情報の海から宝石を見つけ出す　津田大介
309 世界のエリートの「失敗力」　佐藤智恵
310 大資産家になるためのアジア副業マニュアル　澤木恒則
312 「一体感」が会社を潰す　秋山　進
313 コンサルタントは決算書のどこを見ているのか　安本隆晴
314 イケアはなぜ「理念」で業績を伸ばせるのか　立野井一恵
315 「徳」がなければリーダーにはなれない　岩田松雄
316 上司になってはいけない人たち　本田有明
317 社長の掟《おきて》　吉越浩一郎
318 成功体験はいらない　辻野晃一郎
319 一生お金に困らない「未来予測」の技術　菅下清廣
320 世界のリーダーに学んだ自分の考えの正しい伝え方

橘・フクシマ・咲江

321 [改訂版]わかる！ 会社法　小林英明
322 外資系とMBAに学んだ「先を読む」会話術　理央　周
323 トヨタのリーダー 現場を動かしたその言葉　若松義人
324 リーダーのための「レジリエンス」入門　久世浩司
325 文章は読むだけで上手くなる　渋谷和宏
326 アジア・シフトのすすめ　田村耕太郎
327 なぜ、優れたリーダーは「失敗」を語るのか　佐々木繁範
328 史上最強のCEO　イーロン・マスクの戦い　竹内一正
329 まかせる経営　重永　忠
330 不毛な会議・打ち合わせをなくす技術　齋藤　孝
331 ビリー・ビーン　弱者が強者に勝つ思考法　桑原晃弥
332 ビジネスプランニングのリアル・ノウハウ　冨山和彦／経営共創基盤
333 最新のネーミング強化書　髙橋　誠
334 ハーバード流　幸せになる技術　悠木そのま

[PHPビジネス新書ビジュアル]

［松下幸之助ライブラリー］

M01 人生心得帖／社員心得帖 松下幸之助
M02 指導者の条件 松下幸之助
M03 若さに贈る 松下幸之助
M04 商売心得帖／経営心得帖 松下幸之助
M05 実践経営哲学／経営のコツここなりと気づいた価値は百万両 松下幸之助
M06 社員稼業 松下幸之助
M07 人を活かす経営 松下幸之助
M08 人間を考える 松下幸之助
M09 事業は人なり 松下幸之助
M10 日本と日本人について 松下幸之助

――以下、続刊

PHPビジネス新書

2022——これから10年、活躍できる人の条件

神田昌典　著

未曾有の危機を迎えた日本。だが、そんな今こそチャンスだと著者が言い切る理由とは？　カリスマが初めて明かす渾身のキャリア論。

定価　本体八四〇円（税別）

PHPビジネス新書

IGPI流

ローカル企業復活のリアル・ノウハウ

冨山和彦／経営共創基盤　著

地方は衰退するものという認識は間違いだった！　日本経済復活の鍵を握るローカル経済・企業を活性化するための実践論を提示する。

定価　本体八九〇円
（税別）

PHPの本

バカになるほど、本を読め！

神田昌典　著

「知識・価値」を生み出す読書は一人ではできない!?　時代の過渡期に求められる読書法、思考スタイルを神田昌典が語り尽くす。

定価　本体一、三〇〇円（税別）